FACULTÉ DE DROIT DE PARIS

DROIT ROMAIN

DU

SÉNATUS-CONSULTE TRÉBELLIEN

DROIT FRANÇAIS

DE LA

REPRÉSENTATION PROPORTIONNELLE

THÈSE POUR LE DOCTORAT

PAR

F. CHRISTOPHLE

AVOCAT

PARIS

LIBRAIRIE NOUVELLE DE DROIT ET DE JURISPRUDENCE

ARTHUR ROUSSEAU, ÉDITEUR

14, RUE SOUFFLOT, ET RUE TOULLIER, 13.

1887

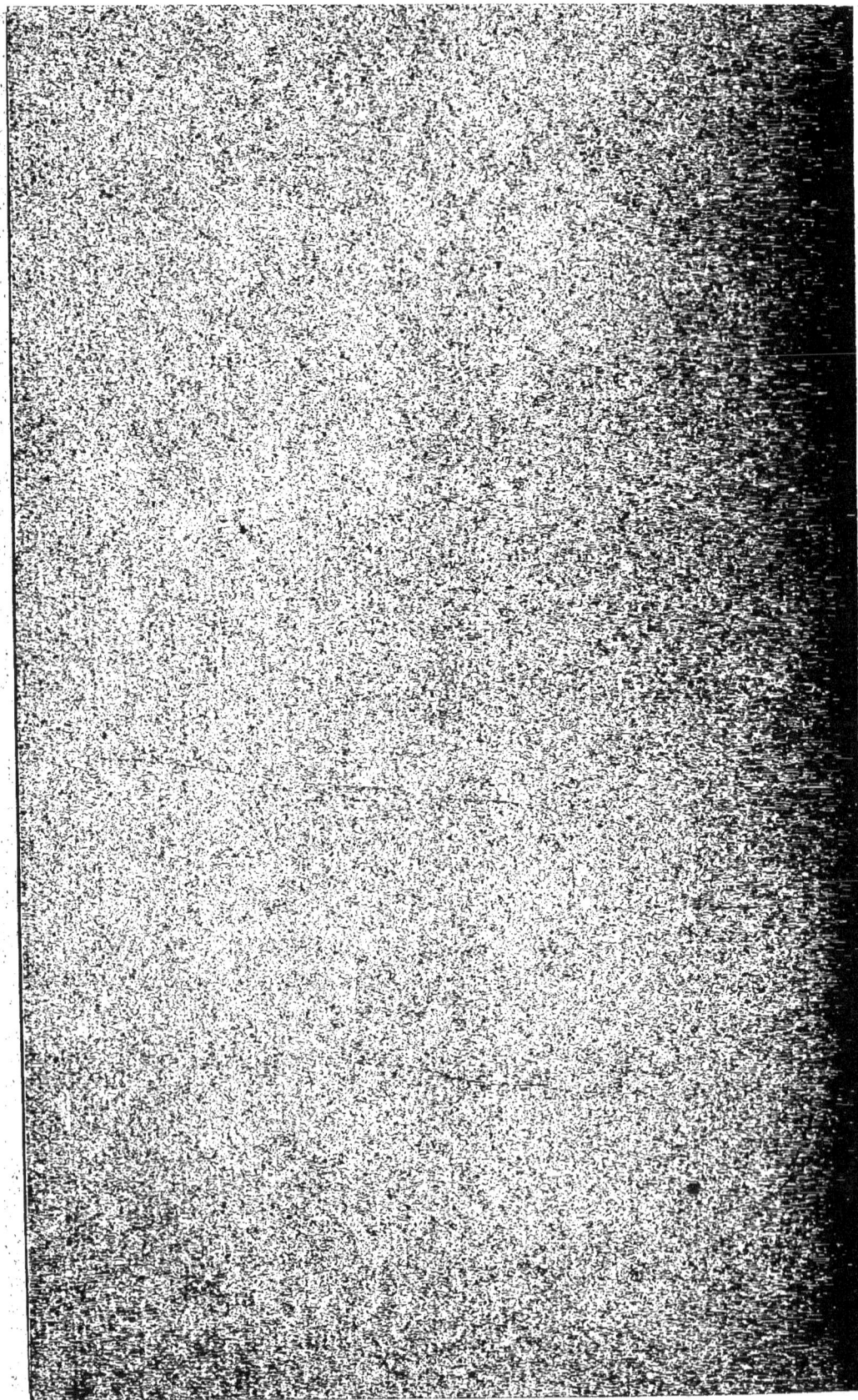

THÈSE

POUR LE DOCTORAT

8°
6893

CHATEAUROUX. — TYP. ET STÉRÉOTYP. A. MAJESTÉ.

FACULTÉ DE DROIT DE PARIS

DROIT ROMAIN

DU

SÉNATUS-CONSULTE TRÉBELLIEN

DROIT FRANÇAIS

DE LA

REPRÉSENTATION PROPORTIONNELLE

THÈSE POUR LE DOCTORAT

L'ACTE PUBLIC SUR LES MATIÈRES CI-APRÈS SERA SOUTENU

LE 30 JUIN 1887, A 2 HEURES 1/2

PAR

F. CHRISTOPHLE

AVOCAT

PRÉSIDENT : M. JALABERT.

SUFFRAGANTS : { MM. GÉRARDIN. LEFEBVRE. MICHEL Henry. } Professeurs.

PARIS

LIBRAIRIE NOUVELLE DE DROIT ET DE JURISPRUDENCE
ARTHUR ROUSSEAU, ÉDITEUR
14, RUE SOUFFLOT, ET RUE TOULLIER, 13.

—

1887

A MON PÈRE

———

A MA MÈRE

DROIT ROMAIN

DU
SÉNATUS-CONSULTE TRÉBELLIEN

PREMIÈRE PARTIE

HISTORIQUE ET GÉNÉRALITÉS

Le S.-C. TRÉBELLIEN fut rendu sous le règne de Néron, le 8 des calendes de septembre, sous le consulat d'Annœus Sénèque et de *Trebellius* Maximus, en l'an 62 de l'ère chrétienne (814 ou 815 de Rome).

Son texte nous a été conservé par Ulpien (liv. III, *fideicommissorum*) [1]; un titre lui est consacré au *Digeste* : le titre I du livre **XXXVI**, titre important, qui ne comprend pas moins de 81 extraits des principaux jurisconsultes, Ulpien, Paul, Gaius, Papinien, Julien, Mæcianus, Marcianus, Pomponius, Valens, Africain,

---

1. Ulpien, 1, § 2, P. XXXVI, I.

Scœvola, etc. ; un autre au *Code*, le titre xlix du livre VI, des empereurs Sévère et Antonin, Dioclétien et Maximien, Zénon, Justinien, etc.; cet empereur nous en parle dans ses *Institutes* (liv. II, tit. xxiii, §§ 4-12); *Gaius* en avait traité dans ses Institutes, livre II, §§ 253-259, et *Ulpien* dans les fragments qui nous sont parvenus : *Libri regularum singularis,* titre xxv.

Tout le monde n'est pas d'accord sur les faits que nous venons d'énoncer ; à propos de la *date* du S.-C. tout d'abord : Maynz [1] dit que ce S.-C. fut rendu un an avant le S.-C. Néronien, ce qui le placerait en 809 au lieu de 815 (56 au lieu de 62 de l'ère chrétienne) [2], mais cet auteur ne donne pas la raison de cette date. Gottlieb Heineccius [3] soulève une question sur le *nom* même du S.-C. et rapporte que Theod. Marcill. suppose que ce S.-C. porta d'abord le nom d'Annæanum, et que ce fut après la mort de Senèque, à cause de la condamnation de sa mémoire, qu'il prit le nom de Trébellien. Mais il n'adopte pas cette opinion, soit que jamais « nusquam » ce S.-C. n'ait été appelé Annæanum, soit que d'habitude les S.-C. aient pris le nom du consul qui les avait présentés au Sénat, et ne l'aient pas perdu par la suite. Enfin Vinnius fait remar-

---

1. Maynz, t. III, p. 663.

2. Maynz, t. III, p. 392, n° 11.

3. Heineccius, *Histoire du dr. civil, œuvres,* t, IV, p. 129, n° 206.

quer que les noms de ces consuls ne se trouvent pas dans les Fastes, ce qui fait supposer qu'ils n'ont point été consuls ordinaires, mais ont remplacé dans le courant de l'année, des consuls décédés ou destitués : « consules suffecti » [1].

L'importance de ce S.-C. qui ressort de la place qu'il occupe dans les textes et les écrits des jurisconsultes n'a rien d'étonnant, car il se rapporte aux FIDEICOMMIS, très en honneur à Rome. Ceux-ci, organisés quelques années auparavant par Auguste, prirent vite un grand développement. Auguste, comme le rapporte Justinien « jussit consulibus auctoritatem suam interponere ». *Cette décision parut juste*, nous disent les jurisconsultes [2], parce qu'elle consacrait la volonté des défunts, volonté sacrée à Rome, dès la loi des XII Tables « uti legâssit super pecuniâ tutelâve suæ rei, ita jus esto », juste encore parce qu'elle empêchait les héritiers de mauvaise foi de garder par devers eux ce que les défunts les avaient priés de restituer à une autre personne, ce qui s'était produit au grand détriment des gratifiés. *Cette décision impériale devint populaire*, car elle permit aux *de cujus* de se passer des formes compliquées et dangereuses des testaments et de gratifier un certain nombre de per-

---

1. Vinnius : Comment. Instit. Liv. II, tit. XXIII, n° 1.

2. Gaius, II, § 224. — Paul, L. 53, D. *De verb. signif.* — Pomponius, L 120, D. *eod. tit.*

sonnes auxquelles des lois rigoureuses interdisaient la qualité d'héritiers. Les fidéicommis pour ces diverses raisons jouirent bientôt d'une grande faveur et prirent une extension considérable [1].

1. Instit., II, XXIII, § 1.

CHAPITRE PREMIER

LÉGISLATION ANTÉRIEURE AU SÉNATUS-CONSULTE TRÉBELLIEN

Le S.-C. Trébellien crée des innovations profondes dans la législation des fidéicommis. Avant lui, le fideicommissaire ne recueillait le bénéfice de l'hérédité que par le moyen d'une *vente fictive* « nummo uno, dicis causâ » qui intervenait entre le fiduciaire et lui ; le fiduciaire du reste ne pouvait pas transmettre la qualité d'héritier, avec les créances et les dettes qui y restaient attachées ; mais par des *stipulations réciproques* dont la formule nous a été conservée par Théophile[1] et Gaius[2], les deux parties se promettaient, le fiduciaire de transmettre tous les bénéfices qu'il retirerait de l'hérédité, le fidéicommissaire de rendre l'héritier indemne.

Le but de ces stipulations était de rendre l'adition d'hérédité et l'exécution du fidéicommis sans danger

1. Théophile, *De fideic. hereditate*, livre II, tit. xxiii, § 3, page 491 et s. de l'édition Reitz.

2. Gaius, II, § 252

pour l'héritier. Souvent l'effet attendu ne se produi-
sait pas, car le fiduciaire restait héritier, c'était lui
que poursuivaient les créanciers de la succession ; et
en cas d'insolvabilité du fidéicommissaire, c'était sur
lui que retombaient toutes les charges de la succession. En présence de ces dangers sérieux, l'héritier
s'abstenait souvent d'accepter la succession, quand il
n'avait pas l'espoir d'en retirer quelque profit, en cas
de fidéicommis universel par exemple. Le testament
devenait inutile et avec lui le fidéicommis ; la succession passait aux autres héritiers testamentaires, s'il y
en avait, ou aux héritiers ab intestat, et la volonté du
défunt n'était pas exécutée.

CHAPITRE II

DU SÉNATUS-CONSULTE TRÉBELLIEN

Le *S.-C. Trébellien* rendit l'adition d'hérédité et l'exécution du fidéicommis sans péril pour l'héritier ; il mit le fideicommissaire *loco heredis*, et si l'héritier conserva sa qualité d'héritier, les avantages et les dangers qui y restaient attachés furent paralysés par l'exception Trebelliani, ou restitutæ hereditatis.

Le *texte* nous a été conservé par Ulpien : « Cum esset æquisfimum in omnibus fideicommissariis hereditatibus, si qua de his bonis judicia penderent, ex his eos subire, in quos jus fructusque transferetur, potius quam cuique periculosam esse fidem suam : placet ut actiones quæ in heredem heredibusque dari solent, eas neque in eos, neque his dari, qui fidei suæ commissum, sicuti rogati essent, restituissent, sed his et in eos quibus ex testamento fideicommissum restitutum fuisset : quo magis in reliquum confirmentur supremæ defunctorum voluntates [1] ».

1. Ulpien, L. 1, § 2, D. *Ad. S.-C. Trebell.*

Cujas, dans son livre XVIII observationum, indique quelques *corrections à apporter au texte* du S.-C., corrections qui auraient pour but non pas d'en modifier le sens qui est « æquissimum » mais de montrer que la première phrase peut s'entendre, non seulement des hérédités fidéicommissaires, mais de toutes les hérédités. La phrase d'Ulpien serait inutilement restreinte par le mot « *fideicommissariis* ».

Le S.-C. place le fidéicommissaire « loco heredis » ; toutes les actions qui auparavant pouvaient être exercées par le fiduciaire et contre lui, seront exercées par le fidéicommissaire et contre lui, mais à titre d'actions utiles [1]. Le fiduciaire reste héritier sans les avantages et les inconvénients de cette qualité, théoriquement en quelque sorte, par amour des principes : « subtilitate juris ». Grâce à l'exception Trebelliani ou restitutæ hereditatis, les actions qui subsistent *propriè* pour ou contre lui [2] sont comme inexistantes : est-il poursuivi par des créanciers, il les repousse par l'exception et de même veut-il actionner un débiteur de l'hérédité il est repoussé à son tour par la même exception [3]. Toutefois, cette qualité d'héritier qui ne doit plus produire d'effets après la restitution, en a produit avant ce moment, et ces ef-

1. Gaius, II, § 253.
2. L. 88, D *De her. instit.*, XXVIII, V.
3. Loi 1, § 4, D *Ad. S.-C. Trebell.* — Julien, 27, § 7, D. *eod. tit.*

fets, ou au moins un certain nombre d'entre eux, subsistent sur la tête de l'héritier après la restitution ;
nous les étudierons plus loin.

Le S.-C., on l'a remarqué bien souvent, est *utile à
la fois au fiduciaire et au fidéicommissaire ;* au premier parce qu'il le met à l'abri, et en quelque sorte
en dehors de la disposition testamentaire, dont il
pourra ne tirer aucun profit, mais dont il n'aura pas
à souffrir ; au second parce qu'il n'a plus rien à craindre des actes du premier, et parce qu'il recueillera le
fidéicommis.

On peut être étonné à première vue qu'un S.-C.,
partie du droit civil, n'ait pas fait du fidéicommissaire un héritier véritable « jure civili », mais ait
*emprunté au droit prétorien sa méthode et ses actions
utiles ;* d'autres fois il avait créé de véritables héritiers, par les S.-C. Tertullien et Orphitien par exemple. Ce fait s'explique cependant : on était ici en matière prétorienne, le sénat était logique en continuant
d'employer les procédés prétoriens ; de plus il a agi
ainsi par respect pour le droit civil lui-même ; il y
avait déjà un héritier, qui une fois investi de son
titre ne pouvait plus en être dépouillé « semel heres,
semper heres » ; au lieu de détruire ce droit existant,
ce que ne faisaient guère les Romains, le Sénat a
tourné la difficulté, a rendu sans effets pratiques cette
qualité d'héritier, et l'a transportée *utilitatis causâ*

sur la tête du fidéicommissaire. Il pouvait le faire d'autant plus facilement que les droits des tiers n'en subissaient aucun préjudice. L'action utile a la même étendue, la même efficacité que l'action directe, et les règles de la matière des testaments ne sont pas violées[1].

1. Paul, L. 47, § 1, D. III, v. de neg. gest.

CHAPITRE III

DU SÉNATUS-CONSULTE TRÉBELLIEN, A PARTIR DU SÉNATUS-CONSULTE PÉGASIEN, JUSQU'A JUSTINIEN

Notre S.-C., malgré ses avantages, ne régit pas longtemps seul la matière des fidéicommis. Onze ans après lui, *le S.-C. Pégasien* fut promulgué (sous le règne de Vespasien, 73 ap. J.-C.). Il remédiait spécialement à deux lacunes de la législation antérieure : 1° le fiduciaire, sans doute, était rendu indemne par le S.-C. Trébellien, mais il pouvait ne pas avoir intérêt à faire adition et à restituer, quand le fidéicommis était très considérable ; le S.-C. Pégasien permit à l'héritier de retenir un quart de la succession ; 2° la succession était insolvable, l'adition entraînait une perte pour l'héritier soit pour la part à lui attribuée, soit pour toute la succession si le bénéficiaire refusait cette libéralité douteuse : un quart de succession insolvable n'est pas tentant, l'héritier refusait ; d'autres fois il refusait sans motif, par mauvaise volonté ;

pour ces hypothèses et d'autres analogues, le fiduciaire pouvait obliger l'héritier à accepter la succession.

Le S.-C. Trébellien ne fut pas supprimé par le Pégasien, mais il ne s'appliqua pas simultanément avec lui : dans le cas où la restitution s'opérait *ex Pegasiano*, le fidéicommissaire était *loco legatarii* et il y avait lieu entre l'héritier et lui à des stipulations *partis et pro parte* [1] : on rentrait dans le droit commun. Il y a donc intérêt à savoir *dans quels cas le Trébellien conservait son application.*

1° En premier lieu, le S.-C. s'appliquait *quand le fidéicommis était inférieur aux trois quarts de l'hérédité* et que l'héritier acceptait la succession, parce qu'alors le Pégasien était inutile, l'héritier ayant au moins sa quarte, et acceptant volontairement [2].

2° Quand le fiduciaire refusait de faire adition, que le fidéicommis fût inférieur ou supérieur aux trois quarts de la succession, le préteur pouvait obliger l'héritier à accepter, en vertu du S.-C. Pégasien. Ce S.-C. privait l'héritier de la quarte, mais celui-ci, n'ayant aucun bénéfice, était aussi déchargé du poids des actions, et il restituait *quasi ex Trebelliano*, sans qu'il y eût besoin d'aucune stipulation [3].

---

1. Gaius, II, §§ 256, 257. — Instit., *De fideic. hered.*, § 6.
2. Gaius, II, § 255. — Instit., § 6, *De fideic. her.* — Ulpien, XXV, §14.
3. L. 28, § 1, D. *Ad. S.-C. Trebell.* — Gaius, II, § 258. — L. 16, § 7,

3° Quand l'hérier, *chargé de restituer plus des trois quarts de la succession*, voulait exécuter pleinement les volontés du défunt et *ne rien retenir*, il aurait été logique qu'il restituât *ex Trebelliano,* puisqu'il n'y avait lieu à l'intervention du S.-C. Pégasien ni pour la retenue d'une quarte, ni pour une adition forcée. Tel était l'avis d'un certain nombre de jurisconsultes. Un texte de Paul est formel en ce sens [1]. « Totam hereditatem restituere rogatus, si quartam retinere nolit, magis est ut eam ex Trebelliano debeat restituere : tunc enim omnes actiones in fideicommissarium dantur ». Modestin se prononce également dans le même sens [2] « qui totam hereditatem restituere rogatus, quartam retinere non vult, fidumque obsequium defuncti precibus præbere desiderat ; suâ sponte adire debebit hereditatem quasi ex Trebelliano eam restituturus... » et Callistrate [3]. « Debitorem qui ex S.-C. Trebelliano totam hereditatem restituit, placet non videri in fraudem creditorum alienâsse portionem, quam retinere potuisset, sed magis fideliter facere. »

Cependant cette théorie est loin d'être adoptée

D. *Ad. S.-C. Trebell.* — 4, D. *eod. tit.* — 14, § 4, *eod. tit.* — 30 pr., *eod. tit.* — Ulpien, XXV, § 16. — Instit., § 6, *De fideic. hered.*

1. Paul, *Sentences*, liv. IV, tit. III, § 2.
2. L. 45, D. *Ad. S.-C. Treb.*
3. L. 20, D. XLII, VIII. Quæ in fraudem...

unanimement par les commentateurs. On fait remarquer d'abord que Paul emploie une locution dubita-
tive « magis est », que Modestin dans la suite de son
texte semble craindre que son client ne se compro-
mette en agissant de la sorte, et lui conseille de n'accepter l'hérédité que sur l'ordre du préteur. Callistrate lui-même, malgré la netteté de ses expressions
ne pourrait-il pas se trouver dans l'hypothèse où un
héritier aurait accepté *coactus* ? On invoque encore
des textes non moins clairs dans cette opinion. Gaius
a écrit [1] « sed is qui semel adierit hereditatem,...
sive noluerit (quartam) retinere, ipse universa onera
hereditaria sustinet ;... si vero totam hereditatem
restituerit, ad exemplum emptæ et venditæ hereditatis stipulationes interpretendæ sunt. » Justinien reproduit presque textuellement ce passage de Gaius [2].
On fait du reste remarquer que l'on se trouve ici dans
le cas textuellement prévu par le S.-C. Pégasien, et
que le désintéressement de l'héritier ne saurait modifier la règle [3].

Théophile est plus radical, il dit qu'ici aucun des
S.-C. ne s'applique, que le S.-C. Pégasien lui-même
ne trouve pas son application dans notre hypothèse,
car l'héritier n'a pas voulu retenir sa quarte, et d'au-

---

1. Gaius, ll, § 257.
2. Instit., L. II, tit. xxiii, § 6.
3. Accarias, t. I, p. 1118 pr. (4º édition).

tre part, ce sont les règles admises avant le S.-C. Pégasien qui s'appliquent, ce sont les stipulations *emptæ
et venditæ hereditatis* qui interviennent [1]. Les stipulations *emptæ et venditæ hereditatis* ne se confondent
pas avec les stipulations *partis et pro parte :* 1° le
fidéicommissaire *loco emptoris* a droit au *jus accres-
cendi;* 2° il peut exercer *utilitatis causâ,* aussitôt après
la vente fictive de l'hérédité, la pétition d'hérédité
fidéicommissaire et même l'action *familiæ erciscundæ* contre ses cofidéicommissaires ; 3° enfin, sans
attendre la cession des créances, le fidéicommissaire
acheteur peut intenter les actions utiles « quasi ex
nummo uno » [2]. Faut-il conclure avec Théophile :
« cessabat S.-C. Trebellianum, cessabat quoque Pe-
gasianum » ? Nous ne le croyons pas : que fait-on dans
cette opinion des textes de Paul, Modestin, Callistrate ? N'en pas tenir compte ou les rectifier est vraiment trop facile.

Nous croyons que la législation romaine était peu
fixée sur cette matière, que les décisions des jurisconsultes devaient varier suivant les espèces : Nous
ne voyons pas, dit Vinnius [3], pourquoi on ne restitue-
rait pas *ex trebelliano,* quand le testateur a demandé
qu'on le fît ainsi. Et nous serions bien porté à croire,

---

1. Théophile, *Traduction latine Reitz,* liv. II, tit. xxiii. § 6.
2. L. 16 pr. D. *De pactis.* — 5, C. *De pactis.*
3. Vinnius, *Comment. des instit.* — *De fideic. hered.,* § 6, p. 482.

conformément à l'opinion de Cujas [1], que le fiduciaire ayant fait adition pouvait restituer *vel ex Pegasiano*, avec les stipulations *emptæ et venditæ hereditatis*, *vel, quod expeditiùs est, ex S.-C. Trebelliano*, ou encore *vi prætoris*, sans aucune stipulation dans ces deux derniers cas. Aucun jurisconsulte romain, à notre connaissance, n'a posé cette règle, mais elle nous semble résulter de la combinaison des textes, contradictoires sans cela, que nous avons cités. Nous devons remarquer pourtant que Cujas semble oublier cette interprétation dans son commentaire sur le titre XXXVI, I du Digeste, en admettant que le S.-C. Pégasien seul régit cette hypothèse [2].

1. Cujas, *Interpretationes in Pauli recept. sentent.*, liv. IV, tit. III, § 2.

2. Volume I, p. 815.

CHAPITRE IV

LE SÉNATUS-CONSULTE TRÉBELLIEN SOUS JUSTINIEN.

Le S.-C. Trébellien subit sous Justinien des modifications nombreuses. Les deux S.-C. furent fondus en un seul qui garda le nom de Trébellien. Les dispositions principales du S.-C. Pégasien, *le droit à la quarte et l'adition forcée,* ont été insérées dans le nouveau S.-C. Dorénavant les actions furent données au fidéicommissaire et contre lui, quel que fût le montant du fidéicommis, et les stipulations réciproques, qualifiées depuis longtemps de captieuses, disparurent. Nous ne nous occuperons de cette dernière époque du droit que lorsqu'il y aura lieu de faire quelques rapprochements intéressants.

DEUXIÈME PARTIE

CONDITIONS REQUISES POUR QU'IL Y AIT LIEU A UNE RESTITUTION EX S.-C. TREBELLIANO

Nous venons de voir quel est le champ d'application du S.-C. : les fidéicommis ; nous savons qu'il a été restreint par le Sénatus-Consulte Pégasien qui lui a enlevé une partie des fidéicommis auxquels il s'appliquait. Il convient maintenant d'étudier en détail les conditions requises pour qu'il y ait lieu à l'invoquer. Nous verrons : 1° En vue de quels fidéicommis le Sénat l'avait rendu ; 2° Quels fiduciaires pouvaient restituer ex Trebelliano ; 3° Quels fidéicommissaires pouvaient se prévaloir du S.-C.

CHAPITRE PREMIER

Le S.-C. Trébellien s'appliquait aux *fidéicommis universels ou à titre universel ;* il a pour but en effet de faire passer au fidéicommissaire les actions héréditaires, celles qui étaient auparavant données à l'héritier. Il faut que le fidéicommissaire devienne, au moins pour partie, le représentant du défunt, que la libéralité consiste dans ce qu'on appelle une *universitas juris* et non dans une *quantitas certa* ou *res certa* quelque étendue, quelque considérable qu'elle soit.

Dans un fidéicommis particulier, il ne peut être question des transmissions d'actions dont il est traité dans le texte du S.-C. Si le fidéicommis a pour objet des choses corporelles, l'héritier devra en faire la tradition ; s'il comprend des créances, il emploiera les procédés ordinaires de cession de créances, mais dans les deux cas le bénéficiaire est en dehors de l'hérédité ; pour aucune part il ne peut recueillir les actions héréditaires, que le défunt ne lui a pas données.

Nous voyons les textes dire que le bénéficiaire auquel l'hérédité est restituée ex Trebelliano est « loco heredis », jouit de tous les droits de l'héritier et possède ses actions à titre utile, qu'il pourra recevoir en vertu du S.-C. Trébellien l'hérédité entière ou une quote part de cette hérédité[1].

Faut-il également considérer comme universelle et donnant lieu au S.-C. Trébellien la disposition par laquelle le testateur donne *l'hérédité d'un tiers* qui lui est échue? Il ressort d'un texte de notre titre[2] que dans ce cas le fidéicommis est considéré comme universel et que la restitution volontaire ou forcée s'opérera *ex Trebelliano*. Ulpien nous dit qu'un testateur a prié de restituer toute l'hérédité ou même une quote-part de l'hérédité de Seius à lui échue, et que, de l'avis de Papinien, les actions passeront ex Trebelliano. Dans la loi suivante[3], il nous dit que Julien considérait ce fidéicommis comme valable, pourvu que le testateur fût institué héritier par ce tiers. Un texte de Julien ne donne pas une solution bien nette (livre XL Digeste)[4], sur le point de savoir si le S.-C. s'applique. Il suppose un héritier prié de restituer

---

1. L. 27, § 8, D. *Ad. S.-C. Treb.*
2. Ulpien, L. 16, §§ 5 et 6, D. h. tit.
3. L. 17, § 1, D. *Ad. S.-C. Treb.*
4. L. 27, §§ 9, 10. D. *A l. S.-C. Treb.*

l'hérédité de Mœvius le testateur, et celle de Titius
échue à Mœvius et il nous dit que le bénéficiaire à
qui on aura laissé l'hérédité de Titius ne pourra forcer
le fiduciaire à faire adition, laissant sous silence l'hypothèse où la restitution aurait lieu, et ne nous disant pas si les actions passaient dans ce cas au fidéicommissaire. Pour que la question se pose, il faut
supposer que le testateur n'avait pas encore fait adition de l'hérédité à lui dévolue et que le fiduciaire
pouvait encore faire adition, parce que le droit du testateur s'était transmis ou parce que l'on se trouvait
dans un cas de restitution. Si le testateur avait fait
adition, la libéralité serait-elle encore universelle ?
C'est bien douteux et il faudrait au moins pour cela
que le testateur n'eût fait aucun acte de disposition et
que l'hérédité subsistât à l'état d'universalité distincte.

C'est dans ce sens que nous interprétons la loi
d'Ulpien [1] : La restitution des biens et de l'hérédité
provenant d'un tiers ne donne pas lieu à transmission
des actions. Nous penserons qu'il s'agit d'une hérédité
déjà acceptée et qui n'existe pas comme universalité ;
en effet le bénéficiaire d'une masse complexe de biens
ne peut pas obtenir la restitution ex Trebelliano ; il y
aura lieu aux stipulations.

Toujours en vertu du même raisonnement, un
fidéicommis de choses particulières, laissé par un miles,

---

1. L. 16, § 6, D. *Ad. S.-C. Treb.*

sera restitué ex Trebelliano ; s'il s'agit d'une hérédité déjà acceptée ou de masses de biens, les actions relatives à cette hérédité ou à ces biens passent au bénéficiaire. En effet l'individu institué par un testateur *miles* pour une *res certa*, ou une *quantitas*, ou les biens provenant d'un tiers est considéré comme héritier et comme recevant une libéralité universelle. Il reçoit cette *res certa* avec les droits et actions qui s'y rapportent. Or en vertu du S.-C. Trébellien passent au fidéicommissaire les actions qui résidaient sur la tête de l'héritier, à titre héréditaire, dans les limites du fidéicommis. Le fidéicommissaire en vertu de ce privilège accordé au *miles* va recueillir *ex Trebelliano* un fidéicommis particulier ce qui est une exception remarquable à notre règle [1].

Sont encore universels les fidéicommis demandant à l'héritier de restituer *portionem suam* ou *quidquid ad eum pervenit*. Nous verrons même qu'ils sont plus étendus encore que le fidéicommis d'hérédité ordinaire [2].

Est également universelle la disposition par laquelle l'héritier est prié de rendre *quod ex heredidate supererit*. Dans ce cas, les diminutions que l'héritier a fait subir de bonne foi à l'hérédité ne lui seront pas

---

1. Voir Pellat, *texte des Pandectes*, p. 364 et s.
2. Ulpien, L. 3, § 4, *Ad. S.-C.* — L. 78, §§ 2 et 3, *Ad. S.-C.* — L. 77, § 12, D. *De leg.*, 2⁰.

réclamées [1]. En retour, les fruits non consommés seront dus par lui [2], et il ne pourra pas déduire de la restitution les créances qu'il avait contre le testateur [3].

Il fallait, du reste, que le *fidéicommis fût valable* pour qu'il y eût lieu à restitution *ex Trebelliano* [4]. Paul nous dit que si, en vertu d'un fidéicommis laissé au patron *ex debitâ portione*, l'héritier restitue, les actions ne passeront pas au gratifié, et qu'il y aura lieu à répétition si la restitution a eu lieu par erreur, parce qu'il n'y a eu en réalité aucune libéralité faite par le testateur, et que la charge de restituer n'était, par conséquent, pas fondée.

Pour que le fidéicommis fût valable, *les conditions de forme* étaient presque nulles ; on pouvait laisser un fidéicommis valable :

1° Par testament dans un codicille confirmé : Gaius II, § 248, § 249. — Paul, L. IV, t. 1, § 6, Sent. — Ulpien, XXV, 2. — Scœvola fr. 78, § 8, D. Ad S.-C. Treb. ;

2° Par testament dans un codicille non confirmé : Gaius, II, § 273. — Ulpien, XXV, § 11 ;

3° Par codicille, sans testament. Gaius, ép. II,

1. L. 58, § 8, D. *Ad. S -C. Treb.*

2. L. 3, § 2, D. *De usuris et fruct.*

3. L. 80, D. *Ad. S.C. Treb.*

4. Paul, L. 60, D. *Ad. S.-C. Treb.*

t. vii, § 8. — Ulpien, XXV, §§ 8 et 10. — Inst. de fid. her., § 1. — Gaius, II, § 258.

Aucune formule impérative n'est nécessaire : Ulpien, reg. II, § 1. — Gaius, II, §§ 117, 165, 174, 179, 192, etc. Les principales formules en vigueur étaient « peto, rogo, volo, fideicommitto [1] ; mando, deprecor, cupio, injungo, desidero, impero [2] ; volo dari [3] ; les mots relinquo et commendo ne procuraient point d'action pour l'exécution du fidéicommis. Gaius donne une formule de fidéicommis [4]. « Lucius Titius heres esto : rogo te, Luci Titi, petoque a te, ut, cum primum possis hereditatem meam adire, Gaio Seio reddas, restituas. » Mais ces termes n'avaient rien de solennel, il suffisait que la volonté du défunt pût ressortir nettement de son écrit.

L'écriture même n'était pas nécessaire : Ulpien, reg. XXV, §§ 1 et 3. — La langue ne signifie rien, le grec peut être employé. Gaius, II, § 281. — Ulpien, XXV, § 9 — L. 8, § 4, D. de accept. — La volonté certaine suffit : Just., II, XXV, § 3. — Paul, 29, § 1, D, XXVIII, 1. — Scœvola, 88, § 17, D, de leg. 2°. Un simple signe oblige valablement le fiduciaire à restituer. L. 21 de leg. 3°. Ulpien, XXV, § 3. Cujas croit à

---

1. Gaius, II, § 249.
2. Paul, IV, I, § 6,
3. Ulpien, XXV, § 2·
4. Gaius, II, § 250.

une addition de Tribonien dans le texte de Paul (Ad
leg. 6 D. qui test. fac. poss.). Mais la volonté expri-
mée était sanctionnée par le préteur. Ce respect absolu de la volonté du défunt amena des conséquences
fâcheuses et des abus ; la volonté des défunts risquait
plus d'être violée que respectée par suite de cette
absence absolue de formes, aussi une réaction se pro-
duisit-elle au Bas-Empire : un fidéicommis exigea
pour être valable la présence de cinq témoins : Théo-
dose : Lex ultima, § 3, C, VI, XXXVI. — Ulpien I, D.
XXVIII, VIII. — Papinien, L. 41, § 3, D. XXVIII, VI.

Le fidéicommis devait être valable : il fallait pour
cela que le testateur fût capable de transmettre, le
fiduciaire de recevoir par testament et le fidéicommissaire capable de recueillir un fidéicommis.

Règle Catonienne [1]. A quel moment faut-il se
placer pour apprécier cette validité ? La règle Catonienne s'applique-t-elle dans les fidéicommis ? « Quod
si testamenti facti tempore decessisset testator, inutile foret, id legatum quandocumque decesserit, non
valere [2] ». Et d'abord quel est l'intérêt de la question
puisqu'il y a une règle générale : « quod initio vitio-
sum est, non potest tractu temporis convalescere [3] ? »

---

1. Cette discussion aurait pu aussi trouver place dans le chapitre du
fidéicommissaire.

2. L. 1 pr. D. *De reg. cæt.*

3. L. 29, D. *De reg. jur.*

— Dans le dernier cas le moment de l'*initium* est discutable ; dans le premier l'*initium* est placé au moment de la disposition : c'est l'opinion de MM. Wangerow et Machelard [1]. Ce dernier entend la loi ainsi : « Un legs doit être valable *ab initio* et *l'initium* du legs pur et simple est le moment même du testament [2] ». D'autre part cette règle ne s'appliquerait qu'au *jus capiendi* et non à la *testamenti factio* [3].

Ces préliminaires fixés, *la règle Catonienne s'applique aux fidéicommis comme aux legs*. Nous avons au Digeste des décisions analogues dans les deux cas : elles nient que l'esclave de l'héritier puisse recevoir un legs ou un fidéicommis [4] ; elles décident également que les legs et fidéicommis faits au profit de l'esclave de l'institué ne peuvent entrer en ligne de compte pour le calcul de la Falcidie [5].

Les textes invoqués en sens contraire se rapportent tous à la *factio testamenti* active ou passive : il s'agit d'un esclave et d'un condamné à la déportation, dont les codicilles, nuls en principe, seront valables s'ils meurent en état de capacité ; en effet, nous savons

1. *Dissertations de dr. romain et français*, 1882. — Machelard, *Étude sur la règle catonienne*, p. 379 et 390.

2. P. 480, ouvrage cité.

3. L. 62 pr. D. *De her. instit.* — L. 52, D. *De leg.*, 2o. — Machelard, *Étude sur les lois Pappia et Julia Popæa*, p. 53 et s.

4. Inst. II. XX, § 32. — L. 8, § 1, D. *De leg.*, 3o.

5. L. 30, § 8, D. *Ad. leg. falc.*

que, jusqu'à Constantin, les fidéicommis pouvaient être laissés par *nuda voluntas*, par simple signe ; à plus forte raison une volonté persévérante devait être validée [1].

De même encore, l'esclave d'un déporté à qui un fidéicommis a été laissé ne le recevra que si son maître est restitué. Il s'agit de *testamenti factio* passive qui à l'origine n'était pas exigée pour les fidéicommissaires, et plus tard donna lieu, quand elle fit défaut, non pas à la nullité, mais à la dévolution au fisc (S.-C. d'Adrien) [2].

Sous Justinien la règle doit subsister, car si les rédacteurs avaient voulu l'abolir, comment auraient-ils consacré un titre du Digeste et beaucoup de textes de jurisconsultes à cette loi, et comment les Institutes de Justinien la contiendraient-elles ?

Le fidéicommis universel comporte toutes les *modalités ;* il peut être pur et simple, à *terme*, ou sous *condition*, et cela d'une façon très large.

Dans les institutions d'héritier, le *dies ad quem* et la condition *ad quam* sont réputés non écrits « Titius heres esto usque ad calendas illas » ou « Titius heres esto donec Mævius consul fiat » [3]. Les Romains lisaient seulement « Titius heres esto ». Quand il y

---

1. LL. 1 et 5, D. *De leg.*, 3°.
2. L. 7 pr., D. *De leg.*, 3°.
3 Inst., II, XIV, § 9. — L. 34, D. *De her. inst.*

aura une constitution de fidéicommissaire faite de la même façon, la volonté du testateur sera respectée : par exemple le testateur priera de restituer au bout d'un certain temps quand le fils sera émancipé, quand Titus aura atteint sa 25e année, quand tel événement se produira [1] ; nous savons aussi qu'une restitution anticipée mettait obstacle au passage des actions ex Trebelliano. On respecte absolument la volonté du testateur

Celui-ci peut prier deux institués de restituer au survivant l'hérédité (dans la loi citée s'ils mouraient sans enfants) ; la disposition était valable et les institués ne purent faire de convention contraire pendant fort longtemps [2].

Le fidéicommis exige *l'intervention de trois personnes*, le *disposant*, le *fiduciaire*, le *fidéicommissaire*. Le disposant, qui peut faire un testament ou non, est celui qui dispose de tout ou partie de son hérédité ; le fiduciaire est chargé de l'exécution des volontés du défunt ; le fidéicommissaire est celui à qui parvient l'hérédité.

1. Paul, *Sent* , IV, I, § 12. — L. 11 et 12, D. *De leg*, 2º. — L. 15, D. *quando dies leg vel. fi l.* — L. 3, C. *De inst. et substit.* — L. 15, D. *De Ann. leg.*

2. Paul, *Sent.*, IV, I, § 73. — L. 16, C. *De pactis.* — L. 11, C. *De trans. ct.*

APPENDICE

DU DISPOSANT.

Nous n'avons pas à nous occuper du disposant : peut laisser un fidéicommis celui qui peut faire un testament [1].

Quant à sa capacité, elle s'appréciera au moment de la mort ; le fidéicommis pouvant être laissé par nuda voluntas, celle-ci apparaîtra évidente si le testateur n'a pas supprimé son fidéicommis à sa mort : c'est ainsi que l'esclave ne peut laisser un fidéicommis valable, mais sa mort en état de capacité purgera son fidéicommis des vices antérieurs [2]. Même solution s'il s'agit d'un déporté qui meurt capable [3].

1. Ulpien, *Reg.*, XXV, § 4.
2. L. 1, § 1, D. *De leg.*, 3.
3. L. 1, § 5, D. *De leg.*, 3.

CHAPITRE II

DU FIDUCIAIRE.

Quand on se trouve sous l'empire du S.-C. Trébellien, la personne du fiduciaire grevé de restitution est d'autant plus intéressante à connaître que ce S.-C. la met en dehors de l'hérédité, en accordant à elle ou contre elle *l'exception restitutæ hereditatis*.

En principe, toute personne, qui directement ou indirectement reçoit du patrimoine du défunt une libéralité pécuniaire, peut être chargée de restituer à titre de fidéicommis. Dans notre matière, où il s'agit de fidéicommis universels ou à titre universel, il semblerait que toute personne qui reçoit du défunt, directement ou indirectement, l'hérédité ou une quote part de l'hérédité pourrait être chargée de restituer ex Trebelliano la libéralité reçue ou une quote part de cette libéralité, mais il n'y a que *l'héritier* ou un premier *fidéicommissaire* universel ou à titre universel qui puisse restituer ex Trebelliano.

Le *légataire partiaire* en effet n'est pas coproprié-
taire des choses héréditaires. Les actions héréditaires
restent en la personne de l'héritier[1]. Dès lors, chargé
de restituer à titre universel, il ne peut transmettre
à l'héritier plus de droits qu'il n'en avait[2].

Nous en dirons autant du *donataire mortis causâ*.
Quand les Romains faisaient des donations univer-
selles ou à titre universel[3], le transfert des choses
corporelles et des obligations avait lieu par les procédés du droit commun ; si l'in jure cessio avait pu servir à faire une donation mortis causâ, lors de la mort
du de cujus on aurait pu se demander si la restitution
avait lieu *ex Trebelliano*. Les textes sont muets sur ce
point[4]. La question pourrait se poser au cas où *Titius* aurait donné *mortis causâ* à un autre par *in jure
cessio* une hérédité à lui échue, et l'aurait chargé de
restituer l'hérédité en question à *Seius*. Il fallait que
cette donation fut faite avant l'adition[5].

Pourront donc être fiduciaires et restituer ex Trebelliano : *L'héritier testamentaire, l'héritier ab intestat, un premier fidéicommissaire* ayant reçu lui-même
la restitution ex Trebelliano, *les bonorum possessores*.

---

1. Ulpien, L. 22, § 5, D. *Ad S.-C. Treb.*

2. L. 9, C. *Ad S.-C. Treb.* — L. 96, § 4, D. *De leg* , 1º.

3. *Fragm. vatic.*, § 2, 3,

4. *L'in jure cessio* ne se prêtait pas à la transmission en bloc des
biens d'un vivant, Accarias nº 473, p. 1293, 4e édition, t. I.

5. Gaius, II, § 35.

Ulpien est formel [1]. Il rappelle également que chacune des personnes qui auront reçu quelque chose du
Miles et auront été chargées de restituer, restitueront
ex Trebelliano.

Un *posthume* peut-il être grevé d'un fidéicommis ?
ce n'est pas douteux pour les *posthumes siens* [2] et
cette décision se justifie facilement puisqu'ils peuvent
être héritiers et successeurs après leur naissance [3],
et que tous les successeurs peuvent être grevés d'un
fidéicommis [4].

Quant au *posthume externe*, Gaius nous dit qu'il ne
peut être institué héritier [5]. Il rapporte une décision de
l'empereur Hadrien d'après laquelle le posthume externe ne peut pas recevoir le fidéicommis [6]. D'autre part
nous trouvons un texte du même jurisc. [7], qui affirme
que le posthume externe peut être institué « si tibi
et posthumo suo vel alieno hereditatem restituere
quis rogatur » ; un texte de Paul le confirme « a fra-
tris posthumo fideicommissum dari potest » [8] et Justinien nous dit que le posthume externe a pu autrefois

1. Ulpien, L. 1, D., §§ 4, 5, 6, 7, 8, *Ad S.-C. Treb.*
2. Paul, *Sent.*, IV, I, § 2.
3. Gaius, II, § 130.
4. Ulpien, 1, § 8, D., *De leg*, 3º.
5. Gaius, II, § 242.
6. Gaius, II, § 287.
7. Gaius, 5, § 1. ; 7, D., *De reb. dub.*
8. Paul, 127, D., *De leg.*, 1º.

et peut encore être institué. Que conclure de ces divergences ? Peut-être une constitution aux temps de Gaius intervint, permettant l'institution des posthumes externes. Peut-être intervint-elle seulement avant Paul (222) et la loi de Gaius subit-elle une addition de Tribonien : « vel alieno » pour être mise d'accord avec la jurisprudence au temps de Justinien.

Nous avons dit que pour être grevé de fidéicommis il fallait avoir reçu du défunt une libéralité, au moins indirectement ; nous trouvons des textes qui font des applications de cette règle ; un fils de famille a été institué, un esclave a reçu une libéralité à titre universel, le *maître*, le *père* pourront être priés de restituer l'hérédité qu'ils ont reçue par l'intermédiaire de l'institué *alieni juris*, qui était sous leur puissance. Quoique au premier aspect cette manière de faire ait quelque chose de singulier, il n'y a rien d'étonnant à ce que le père et le maître qui ont été gratifiés indirectement soient priés de restituer [1].

S'ils sont priés de restituer à un *étranger*, les actions passeront à celui-ci ex Trebelliano ; s'ils sont tenus de restituer *au fils* ou à *l'esclave*, les actions utiles ne passeront pas, car le fidéicommissaire est également héritier et comme tel a les actions directes qui lui suffisent [2].

---

1. Ulpien, XXV, § 10. — Papinien, L. 11. D., *De leg.*, 1°. — L. 62. D., *De leg.*, 2°.
2. Pomponius, L. 70, pr., D., *Ad S.-C. Treb.*

Dans cette dernière hypothèse, si le fils est devenu sui juris, si l'esclave a été affranchi au moment de la mort du *de cujus*, le testateur n'en est que mieux satisfait, car le fils et l'esclave recueilleront *proprio nomine*, ce qui vaut bien autant que de recueillir *fideicommissario nomine*.

Mais au cas d'affranchissement de l'esclave ou d'émancipation du fils, si le fidéicommis était laissé à un étranger, le père et le maître qui n'ont rien recueilli à titre héréditaire, le fils et l'esclave qui n'ont point été chargés de restituer, ne sont point tenus envers le gratifié, et la volonté du défunt va n'être pas respectée. Pour éviter ce danger, le préteur donne dans ce cas une action utile au fidéicommissaire pour obtenir la restitution et nous pensons que rien ne s'oppose à ce que celle-ci s'opère en vertu du S.-C. Trébellien [1].

L'*empereur* lui-même peut être institué héritier et être chargé d'un fidéicommis, Auguste en fournit la preuve, et Paul nous le dit aussi. La raison en est bien simple ; c'est que l'empereur peut devenir héritier par l'adition et sera tenu de restituer ensuite car le droit commun régit ses rapports avec les citoyens [2].

Le sourd et le muet, héritiers testamentaires ou ab intestat, peuvent être grevés de fidéicommis, car on peut être fiduciaire même « ignorans » [3].

1. L. 62, D., *De reg. jur.* — L. 4, D., *De leg.*, 3°.

2. L. 7, C., *qui test. fac. poss.*

3. Paul, *Sent.*, IV, I, § 4. — L. 77, § 3, D., *De leg.*, 2°.

CHAPITRE III

DU FIDÉICOMMISSAIRE

Il est probable qu'au moment où fut rendu le S.-C. Trébellien, *tout le monde pouvait être fidéicommissaire.* Le premier but du fidéicommis, sa raison d'être avait été le désir *d'éluder les prohibitions rigoureuses* du droit romain et de gratifier par une voie détournée ceux qui ne pouvaient être institués héritiers ni légataires, ils étaient nombreux : les *pérégrins*, les *personnes incertaines* et spécialement les posthumes externes, les *municipes*, les *temples*, les *collèges de prêtres*, les *femmes* d'après les termes de la loi Voconia, et plus tard les *affranchis* du chef de la loi Ælia Sentia, les *cœlibes et les orbi* d'après les lois Julia et Papia Popæa. Tous ces incapables, gratifiés d'un fidéicommis universel ou à titre universel pouvaient recevoir la restitution ex Trebelliano.

Cette liberté illimitée ne fut pas laissée longtemps au testateur.

Dès le Pégasien, il y eut un veto opposé à la bonne volonté des fiduciaires : *Les lois Julia et Papia Popæa*, relativement à l'incapacité des cœlibes et des orbi, fut étendue aux fidéicommis. Nous pouvons nous demander ce que devenaient les fidéicommis caducs.

Ceux qui avaient été mis à la charge des *héritiers testamentaires* subissaient la dévolution des lois caducaires. Les institués dotés du *jus patrum* recueillaient le fidéicommis portant sur une part héréditaire. Il ne pouvait être question du S.-C. Trébellien puisque les institués avaient les actions directes [1]. A leur défaut le fidéicommis était dévolu aux légataires patres ; enfin venaient l'*ærarium* et plus tard le *fiscus* [2].

Lorsque le fidéicommis était à la charge d'un *premier fidéicommissaire*, la dévolution s'opérait d'abord au profit du grevé (il en était de même pour les fidéicommis particuliers laissés à la charge d'un fidéicommissaire ou d'un légataire). On s'écartait des lois caducaires, mais c'était une dérogation qui se justifiait d'elle-même [3]. Le premier fidéicommissaire qui recueillait la libéralité gardait alors le bénéfice des actions utiles.

Lorsque le fidéicommis était laissé à la charge d'un

---

1. L. 70, pr., D., *Ad S.-C. Treb.*
2. Gaius, II, § 286.
3. L. 60, D., *De leg.*, 2º.

héritier ab intestat[1], le *jus caduca vindicandi*, supposant l'existence d'une succession testamentaire, ne s'exercera pas [2]. Quand le défunt a laissé se faire la dévolution *ab intestat*, on ne s'inquiète pas si les appelés sont *patres* ou non. Si on appliquait dans notre hypothèse les lois caducaires, comme il n'y a ici ni institué, ni légataire, il faudrait passer au *fiscus*, au grand détriment des héritiers *ab intestat* qui peuvent être patres [3]. On admettra seulement que *les institués ne sont pas tenus d'exécuter les fidéicommis laissés à des incapables;* mais au cas où ils les exécuteraient, pouvait-on leur accorder le bénéfice du S.-C. Trébellien? Nous ne le croyons pas, car ce S.-C. ne s'appliquait qu'aux fidéicommis valables [4]. Notre solution n'est du reste pas absolue, car les *orbi* recevaient valablement la moitié de la disposition et recueillaient les actions utiles pour cette part.

Après le Pégasien, intervint le s.-c. PLANCIEN rendu sous Vespasien [5]. Il refuse la quarte au fiduciaire qui a promis de restituer l'hérédité à un incapable. Elle sera confisquée au profit de l'ærarium jusqu'à Antonin le Pieux, et après lui au profit du fisc [6].

---

1. Gaius, II, § 270. — Instit., § 10, *De fid. hered.*
2. Schneider, p. 98, Auwachsungsrecht. — Machelard, p. 258 sur l'Accroissement.
3. Paul, L. 8, § 1, D., *De jur. codic.*
4. Paul, L. 60, D., *Ad S.-C. Treb.*
5. Heineccius. Ad. L. Jul. liv. II, chap. 6, 6.
6. Modestin, L. 59, § 1, D. *Ad leg. falc.* — Ulpien, XXV, § 17.

De plus, le fiduciaire grevé perdra le droit aux *caduca*.

Gaius mentionne UN AUTRE S.-C., *rendu sous Adrien*, qui prohibe également les fidéicommis laissés à des incapables, aux pérégrins : ces fidéicommis seront revendiqués au profit du fisc [1].

Plus tard, *un Sénatus-Consulte* interdit les fidéicommis laissés à des personnes incertaines comme le posthume externe [2]. Le fidéicommis est alors inutilisé ; il suit la dévolution que nous avons indiquée.

Malgré cette prohibition d'adresser des fidéicommis à des incapables, nous voyons qu'ils persistèrent, d'après la novelle 89, c. XII, spécialement *au profit des enfants naturels*.

Quels sont donc les *incapables auxquels on pourra laisser valablement des fidéicommis ?* Les femmes, car la loi Vocomia ne s'applique pas aux fidéicommis [3] ; les latins-juniens, car la loi Junia Norbana ne fut pas étendue aux fidéicommis [4] ; les cités municipales [5] ; les collèges de prêtres [6].

Un S.-C. *Apronien*, rendu suivant Bacchius sous Trajan, suivant Schultingius et Stockmannus sous

1. Gaius, II, § 285.
2. Gaius, II, § 287.
3. Gaius, II, § 274, Aulu-Gelle, 20, I, *obliterata et aperta*.
4. Gaius, II, § 275, Ulpien, *reg.*, XXV, § 7.
5. Paul, 26, D. *a l S.-C Treb.*, Ulpien, *reg.*, XXIV, 28.
6. L. 38, § 6, D. *de leg.*, 3o.

Adrien, suivant Cujas et Voëtius sous Antonin le Pieux, est intéressant en cette matière[1] : les cités pouvaient recevoir par fidéicommis, surtout depuis Nerva et Adrien qui leur permit de recevoir des legs[2]. Cependant de tels fidéicommis pouvaient encore être considérés comme faits en fraude des lois, et présentaient de graves difficultés au point de vue des stipulations quand il n'y avait pas lieu à l'application du S.-C. Trébellien. Le S.-C. décide : 1° que les fidéicommis de cette espèce non seulement peuvent, mais doivent être exécutés; 2° qu'ils seront restitués ex Trebelliano[3].

Les *posthumes externes*, d'après Gaius[4], ne pouvaient recevoir de fidéicommis. Le préteur, cependant, accordait la bonorum possessio aux posthumes externes conçus, mais le droit impérial ne confirma pas cette doctrine[5].

Nous avons cité déjà des dérogations à cette opinion de Gaius; Papinien, Modestin ne l'acceptaient pas[6].

Pour le moment où le fidéicommissaire devait être

---

1. Pothier, II, p. 654, 655.

2. Pline: *epistola*, Liv. V, épit. 7, Liv. X, épit. 79, Ulpien, reg., XXIV, § 28. XXII, § 5.

3. L. 26, D. *ad S.-C. Treb.*

4. Gaius, II, § 287.

5. Ulpien, 12, 1, D. *De bonorum possess.*, XXXVII. I. Instit. III, IX, pr.

6. Papinien, 69, § 3. — Modestin, 32, § 6, D. *de leg.*, 2°.

capable, la règle des lois caducaires sur l'apertura
tabularum s'appliquait aux fidéicommis; Justinien
supprima ces difficultés.

Quand il y avait PLUSIEURS FIDÉICOMMISSAIRES, leurs
parts respectives étaient fixées par le défunt, ou bien
on les supposait égales. Dès le jour de la restitution
ex Trebelliano les actions utiles passaient sur leurs
têtes, réparties au prorata des parts héréditaires respectives; les biens restaient dans l'indivision et l'action *familiæ erciscundæ* servait à obtenir le partage,
comme nous le verrons plus loin. Y avait-il lieu à accroissement?

L'accroissement dans les dispositions testamentaires suppose que deux ou plusieurs personnes ont été
appelées par le défunt à recueillir la même chose,
chacune pour le tout. Si plusieurs gratifiés profitent
de leur vocation, leurs droits se restreindront mutuellement. Si un seul en profite, sa vocation lui donnant
droit au tout et aucun concurrent ne venant la restreindre, il recueillera toute la disposition *jure accres-
cendi*.

Dans les fidéicommis, chacun des gratifiés n'a
qu'un droit de créance, et d'après la théorie romaine,
quand plusieurs personnes ont ensemble contre une
autre une créance, chacune n'est créancière que pour
sa part; il en est ainsi de deux individus qui ont
acheté ou prêté ensemble, de plusieurs personnes qui

ont obtenu un jugement en leur faveur [1]. Chacun des créanciers n'aura droit qu'à sa part de créance, ne pourra exiger que cette part : il en est ainsi de deux ou plusieurs colégataires *per damnationem*. C'est donc en vertu du principe de la divisibilité des créances *ipso jure* que nous dirons que dans les fidéicommis il n'y a pas accroissement. Cette division a lieu *ab initio*, c'est-à-dire du jour de la confection du testament, et non du jour de l'adition, jour où en réalité cependant chaque fidéicommissaire devient créancier. Le résultat de cette règle était que chaque fidéicommissaire ne pouvait demander que sa part, quand même, au jour de la disposition, les autres appelés auraient déjà été décédés et que par conséquent aucun rival n'était possible [2] ; quand même à plus forte raison ses concurrents venaient à décéder avant l'adition [3] « damnatio partes facit », dit le § 85 des *fragmenta vaticana*, et il ajoute à la fin, « in fidéicommisso autem id sequitur quod in damnatione ». Ainsi, dans les fidéicommis, pas d'accroissement, que le co-appelé ait fait défaut avant ou après l'adition.

La solution ne serait plus la même s'il s'agissait *de posthumes à venir*, qui ne viendraient pas : le testa-

---

1. 43, D. *De re judicata*, XLII, I, — 10, § 3, D. *De appell.*, XLIX, I, — 1, C. *Si plures*, VII, L.. .

2. Ulpien, 34, § 9, D. *De leg.*, 1°.

3. Pomponius, 16, pr., D. *De leg.*, 1°.

teur aurait seulement songé à un partage conditionnel entre une personne existante et des posthumes,
on comprend sa pensée ainsi : « Je vous prie de rendre mon hérédité à Seius, à moins qu'il ne survienne
des posthumes, dans lequel cas je vous prie de la rendre à Seius et à eux », c'est l'explication que donne
Gaius [1].

On invoque en sens inverse, pour prouver que l'accroissement est admis dans les fidéicommis, les lois 1
§ 9 et 16 § 4 à notre titre. Dans l'une et l'autre on
suppose que l'héritier a fait adition sur l'ordre du
préteur ; dans l'une et l'autre encore Ulpien ne suppose nullement que le testateur ait appelé les divers
héritiers à une vocation *in solidum*, à toute son hérédité, loin de là : dans la loi 16 on suppose qu'il a pu
faire des parts. S'agirait-il ici de legs *per vindicationem* qui admettent l'accroissement, que nous ne
nous trouverions pas dans les conditions requises pour
qu'il ait lieu.

Si dans ces deux textes un des fidéicommissaires vient
à manquer et que sa part vacante accroisse à son coap-
pelé, et non à l'héritier institué, c'est que cet héritier
qui a accepté « coactus » doit, en vertu du Pégasien,
rester étranger à l'hérédité ; on attribue au fidéicommissaire non pas la totalité de ce qui lui a été laissé,
car on ne lui avait laissé qu'une part, mais plus que ce

1. Gaius, 5, § 1. — Mæcianus, 6. — Gaius, 7, pr. D, *De reb. dub.*

que le testateur lui avait destiné. Non seulement il
ne s'agit pas de vocation émanée du défunt, mais la loi
va peut-être contre sa volonté, pour laquelle elle n'a
un respect absolu que dans les testaments militaires [1];
nous admettons donc qu'il n'y a pas accroissement.

Nous avons à noter quelques détails relatifs à la
capacité du fidéicommissaire : la restitution sera faite
valablement *au maître ou au père* du fidéicommissaire
alieni juris, au *curateur* d'un *furiosus*, au *procurator*
d'un absent [2], au *pupille* avec l'*auctoritas* de son tuteur [3], à *un esclave* du bénéficiaire, à *un tiers* désigné
par le fidéicommissaire [4]. Le fidéicommissaire béné-
ficiera d'une restitution faite *in fraudem creditorum*
décision éminemment favorable [5].

---

1. 37, D. *De testam. milit.*, XXIX, 1.
2. L. 11, § 2, D. *ad S.-C. Treb.*
3. L. 38, L. 39, D. *ad S.-C. Treb.*
4. L. 41, 65, pr. *ad S.-C. Treb.*
5. L. 67, § 1, D. *ad S.-C. Treb.*

TROISIÈME PARTIE

DE LA RESTITUTION EX TREBELLIANO

Nous avons vu dans quels cas et sous quelles conditions il y avait lieu à l'application du S.-C. Trebellien, à la restitution ex Trebelliano. Il nous reste à nous occuper de cette restitution elle-même, ce que nous ferons en étudiant successivement : 1° la situation des parties avant la restitution ; 2° la restitution proprement dite ; 3° la situation des parties après la restitution.

CHAPITRE PREMIER

SITUATION DES PARTIES AVANT LA RESTITUTION.

Le fidéicommis est-il *pur et simple ou à terme*, sans condition ni terme incertains, son existence ne sera néanmoins certaine que du jour où le fiduciaire sera héritier, du jour où il aura fait *adition* s'il est héritier externe[1]. Quand la libéralité est laissée à la charge d'un héritier nécessaire ou d'un héritier sien et nécessaire, le fiduciaire, qu'il le veuille ou non, continue immédiatement la personne du défunt. Il n'a pas besoin de faire adition et n'est pas admis à répudier l'hérédité dès la mort du de cujus, le gratifié est investi d'un droit de créance contre l'héritier. Au contraire jusqu'à l'adition l'héritier externe fiduciaire doit, n'ayant rien reçu de la volonté du défunt, ne devait rien restituer.

Ce que nous venons de dire ne signifie pas que le « *dies cedit* » se place au moment de l'adition. Non,

1. 32 pr. D. *de leg.*, 2.

dans les fidéicommis comme dans les legs purs et
simples ou à terme, le « dies cedit » se place en principe au moment de la mort du de cujus ; il fut reculé
jusqu'au moment de l'*apertura tabularum* par la loi
Papia Popæa ou les S.-C. qui la complétèrent, de
sorte que si le fidéicommissaire mourait avant l'*apertura*, il ne transmettait pas son droit à ses héritiers [1].
Le fidéicommis était dévolu aux *patres* ou au fisc
(ærarium). Justinien abrogea cette législation et re-
vint à la règle ancienne.

D'après ces mêmes lois, l'adition, en supposant
plusieurs institués n'était possible qu'après l'ouverture du testament [2]. Cette ouverture avait lieu dans
les trois ou cinq jours de la mort du testateur [3].

Cette adition, l'héritier était libre de la faire ou de
s'y refuser. Le S.-C. Trébellien, au moins jusqu'à la
réforme de Justinien, ne donnait pas au préteur le
droit de l'y contraindre ; il avait seulement le grand
avantage de rassurer le fiduciaire sur les suites de
son acceptation, et de l'engager par là même à faire
adition [4].

Si l'adition devenait imposible, le fidéicommis dé-

---

1. Ulpien, XVII, § 1, *Reg.*
2. Ulpien, XVII, § 1. — L. 1, § 4. D. *De juris et pacti ignor*, L. 21,
D. *De conditionibus*, XXXV, I.
3. Paul, *Sent.*, IV, VI, § 3.
4. Instit., *De fid. her.*, § 3. — L. 1, § 3, D. *ad S.-C. Treb.*

faillait : c'est ce qui arrivait si l'héritier chargé de
restituer décédait avant d'avoir accepté l'hérédité [1].
Du reste, à partir du S.-C. Pégasien, le préteur put
toujours obliger l'héritier à faire adition et il en fut de
même en vertu du Trébellien à partir de la fusion des
deux S.-C. par Justinien.

Il appelait l'héritier *in judicio* [2] et le condamnait à
faire adition ; si celui-ci ne venait pas, le préteur em-
ployait les moyens que lui confiait la loi : « multam
dicebat, pignora capiebat » enfin, si l'appelé continuait
à faire défaut, ou si étant présent, il persistait dans son
refus d'accepter l'hérédité, il encourait une condamnation « in id quod interest », d'après les principes
du droit. Dans ce cas, bien entendu, le S.-C. Trébellien ne s'appliquait pas, puisqu'il n'y avait pas d'héritier, pas de fidéicommis. C'était un fait rare, car
d'habitude les moyens de coercition étaient suffi-
sants pour obliger l'héritier à faire adition ; d'autre
part la condamnation pouvait offrir au bénéficiaire
l'équivalent de l'hérédité. Une question intéressante
est de *savoir si le préteur pouvait se passer de l'adition
du fiduciaire* et accorder au fidéicommissaire l'hérédité avec les actions utiles ex Trebelliano : l'intérêt
était important, au cas où l'insolvabilité de l'héritier
rendait contre lui tout recours pécuniaire illusoire, et

---

1. L 1, § 5, C. de cad. toll. VI, LI. 11, princ. 27, § 15, D. ad S.-C. Treb.
2. L. 30, pr. D. ad S -C. Treb. L. 29 pr. de leg, 2º.

où son obstination entraînait la dévolution de l'hérédité à un héritier non grevé. Justinien le permet [1], mais avant lui les raisons les plus graves font douter qu'on ait pu agir ainsi. Nous savons par exemple que dans des matières qui présentent avec la nôtre la plus grande analogie, on ne le pouvait pas ; une hérédité était laissée à un esclave, c'était l'esclave lui-même qui acceptait sur l'ordre de son maître. On ne pouvait se passer de son consensus *in adeundâ hereditate* [2]. Il en était de même de l'hérédité laissée à un pupille, le pupille en personne devait l'accepter *auctoritate tutoris*. Enfin dans notre matière même, Justinien nous apprend que les anciens n'étaient pas d'accord et qu'Ulpien pensait qu'il fallait recourir à l'Empereur lui-même pour arriver à se passer de *consensus*. « Apud veteres dubitabatur » « et Domitius Ulpianus constituendum esse super his putavit ».

Après la mort du de cujus, si le fidéicommis était laissé à la charge d'un héritier nécessaire ; après *l'adition* de l'héritier externe, quelle était la SITUATION DES PARTIES ?

Le *fidéicommissaire* avait un DROIT DE CRÉANCE contre le fiduciaire ; entre eux existait un rapport d'obligation ; la propriété des objets compris dans le fidéicommis n'était pas transférée de l'héritier au bé-

---

1. L. 7, § 1, C. *Ad S.-C. Treb.*
2. 65, pr., D. *Ad S.-C. Treb.*

néficiaire, et celui-ci n'avait contre le premier qu'une
action personnelle pour obtenir la restitution qui lui
était due, le transfert de propriété et de créance qui
devait assurer l'exécution de la volonté du défunt[1].
Son droit était analogue à celui du légataire *per damnationem*[2], bien moins fort que celui de l'héritier ou
du légataire *per vindicationem*. En vain, voudrait-on
argumenter en sens contraire de ce que le S.-C. place
le fidéicommissaire *loco heredis :* tel est bien l'effet du
S.-C., mais il ne se produit qu'après la restitution.
Cette manière de voir sera du reste confirmée par ce
que nous dirons dans la suite des actions accordées
au fidéicommissaire, et de l'effet des aliénations faites
par le fiduciaire. Nous avons vu également, toujours
dans notre sens, qu'il n'y a pas accroissement entre
fidéicommissaires, quoique du reste ce fait ait été con-
testé[3].

Après Justinien, le fidéicommissaire a les trois actions *personnelle, réelle et hypothécaire*, et l'action
familiæ erciscundæ pour la remise effective. Il a ainsi
un droit réel et il faudrait en déduire des conséquences exactement opposées à celles que nous venons
d'indiquer. Par exemple, l'accroissement s'opère, il
est réglé par Justinien[4].

1. L. 114, § 19, D. *De leg.*, 1°.
2. Gaius, II, § 262.
3. *Fragm. vaticana* 85, *in fine.*
4. L. 1, § 11, C. VI, LI.

Le fidéicommissaire pouvait obtenir la *restitution* de plein gré, sinon, en vertu de son droit de créance, il exerçait une *petitio extrà ordinem*. Cette *petitio fideicommissi* n'était pas une vindicatio et n'en avait pas l'énergie [1]. Avant Claude elle était portée devant les consuls ; cet Empereur créa à Rome deux préteurs pour les fidéicommis [2]. Titus en laissa subsister un seul [3]. Dans les provinces c'était le *Præses* qui remplissait l'office du préteur. Au reste, à Rome, la juridiction des préteurs n'exclut pas celle des consuls qui connurent des cas les plus importants [4] ; l'Empereur lui-même parfois connut des fidéicommis [5].

Les magistrats ne délivraient pas de formule, mais jugeaient eux-mêmes ; c'était un des cas où la *cognitio* était *extraordinaria* sous la procédure formulaire, avant la réforme de Dioclétien et Maximien [6].

Si une condamnation intervenait, le fidéicommissaire obtenait l'estimation de l'hérédité, toujours au simple [7], *sans pœna* comme dans le legs *per damnationem* [8], mais le S.-C. Trébellien ne s'appliquait pas :

1. Paul, *Sent.*, L IV, t., I, § 18, — L. 22, § 1, D. *Ad S.-C. Treb.*
2. L. 2, § 32, D. *De orig. jur.*
3. L. 2, § 32, D. *eod. tit.*
4. Quintilien : *Instit. orat.* L. III, C. VI, Cujas, *Observ.*, Liv. XXI, C. 34.
5. L. 26, D. *De probat.*
6. L. 2, C. L. III, t. III.
7. Gaius, II, § 282.
8. Gaius, IV, § 9.

le fidéicommissaire recevait « quantitatem », et les actions restaient au fiduciaire. Si, au contraire, la restitution avait lieu, les actions passaient ex Trebelliano au fidéicommissaire. [1]

Le *fiduciaire*, une fois héritier, l'était à l'égard de tous ; vis-à-vis du fidéicommissaire, il était plus qu'un possesseur de bonne foi, puisque, si ce dernier refusait la libéralité du testateur, il conservait définitivement tous les avantages attachés à sa qualité, aussi avait-il les plus larges pouvoirs d'administration. Héritier, sans pouvoir opposer l'exception *restitutæ hereditatis*, il était actionné par les créanciers, et pouvait payer, ou se défendre, plaider, déférer le serment, transiger, accorder des garanties. Il pouvait aussi toucher le montant des créances, consentir une libération, une novation et même un pacte de remise [2].

Peut-il diminuer l'hérédité, faire des *actes d'aliénation*, de disposition ? Quand le testateur l'a permis, il n'y a pas de doute : celui-ci par exemple l'a chargé de restituer *post mortem suam quod ex hereditate superit* [3] ; il permet ainsi d'aliéner modérément, *boni viri arbitrio* [4] ; il en est de même quand c'est la loi qui permet les aliénations, par exemple pour les fruits

1. Gaius, L. 63, § 1, D., *Ad S.-C. Treb.*
2. 1°4, D., XLVI, III, *De solut. et liberat.*
3. L. 58, § 7, D., *Ad S.-C. Treb.*
4. L. 54, D., *Ad S.-C. Treb.*

et intérêts, pour constituer une dot à ses enfants.

Quand la nature de certains objets périssables l'exige, ou encore quand l'intérêt de l'hérédité le demande, le fiduciaire non seulement peut, mais doit aliéner; il rendra ce qu'il aura touché. Bien plus, comme l'héritier à l'occasion de ces ventes est tenu de l'action en garantie et peut encourir une condamnation en cas d'éviction, le bénéficiaire lors de la restitution devra fournir caution qu'il restituera au fiduciaire le montant de ses déboursés [1].

En dehors de ces cas, toutes les *détériorations* faites par l'héritier, toutes les *diminutions* qu'il aura fait subir à l'hérédité donnent naissance à une créance contre lui, au profit du bénéficiaire [2]. Une aliénation, un affranchissement seront en général valables, nous le verrons plus loin; du reste, Justinien le dit au Code [3]; il prit soin d'empêcher que l'on pût transférer à un autre, ou hypothéquer quelque bien, ou affranchir des esclaves. De même Justinien rendit sans effet les institutions faites par l'héritier *pendente conditione*, tandis qu'elles étaient valables auparavant, sauf pour le cas où la condition ne se réaliserait pas; elles seraient rétroactivement validées. « Sed quia » dit l'Empereur, et il ajoute qu'il modifie le droit ancien.

1. 69, D., *Ad S.-C. Treb.*
2. 70, § 1, D., *Ad S.-C. Treb.*
3. L. 3, § 2, C., VI, XLIII.

Dans tous les cas, le fiduciaire reste créancier du bénéficiaire.

L'héritier sera-t-il également responsable lorsqu'il ne s'agira plus de son fait, mais lorsque *sa faute*, *culpa*, *negligentia*, aura entraîné des pertes, détériorations, prescriptions, usucapions ; les textes nous le montrent responsable de sa *faute in ommittendo et in committendo*, mais ne sont pas unanimes sur l'importance que doit avoir la faute pour entraîner la responsabilité ; l'héritier sera responsable des fautes qu'il ne commet pas dans la gestion de ses propres affaires, ce caractère, presque tous les textes l'admettent, évitant de renvoyer exclusivement à un type abstrait. Mais l'héritier est-il responsable de sa *faute lourde* seulement : *culpa dolo proxima*, ou même de sa *faute légère : culpa*, *culpa levis*.

Ici les jurisconsultes ne s'entendent plus : Ulpien veut que la faute lourde seulement lui soit imputable[1]. Dans un passage, il cite le cas où des choses héréditaires ont péri, où des édifices ont été brûlés, ou des esclaves sont morts et dit que l'héritier n'en sera tenu qu'au cas de faute lourde « non levi et rebus suis consuetâ negligentiâ ». Il y aura faute lourde, si l'héritier avait dû vendre certains biens et ne l'avait pas fait ; il sera tenu des usucapions et prescriptions qu'il aura laissé s'accomplir par sa faute lourde ; on verra

[1]. 22, § 3, D., *Ad S.-C. Treb.*

si l'héritier a cultivé ses champs et négligé ceux de
l'hérédité, vendu ses récoltes et autres choses périssables et gardé celles du fidéicommis, touché ses
créances et non les autres. Dans ce dernier cas cependant, on comprend qu'il ne soit pas tenu quand
certains débiteurs deviennent insolvables, si cette insolvabilité s'est produite subitement et d'une façon
cachée pour les tiers, quand même il aurait touché
d'autres créances.

Ailleurs, Ulpien le rend responsable même de sa
faute légère, *culpa levis et diligentia*[1]. Ce texte est intéressant à rapprocher d'un fragment de Paul[2]. « Non
tantum dolum sed et culpam in re hereditariâ præstare
debet cohæres…. talem diligentiam præstare debet
qualem in suis rebus. » Africain distingue si l'héritier a
reçu ou non quelque libéralité du testateur[3]. Dans le
premier cas il serait responsable de sa faute légère,
dans le second de sa faute lourde seulement. Il rattache
sa solution à une règle générale pour l'appréciation
des fautes dans les contrats de bonne foi; or, dans les
contrats de bonne foi, s'il est vrai que le commodant
et le dépositaire désintéressés ne sont tenus que de
leur faute lourde, il n'est pas moins vrai que le gérant
d'affaire, le tuteur, le curateur, le mandataire sont

1. Ulpien, 47, § 5, D., *De leg.*, 1°.
2. Paul, 25, §§ 16, 17, D.. L. X, t. II, *finiun regundorum*
3. Africain, 108, § 12, D., XXX, *De leg.*, 1°.

tenus de leur faute légère, quoique désintéressés.

Nous croyons que quand les jurisconsultes ont parlé en notre matière de faute lourde ou de faute légère, ils comparaient à un type abstrait le fait qu'ils avaient sous les yeux, mais qu'en réalité ils s'occupaient pour déterminer la culpabilité du soin apporté par l'héritier à ses propres affaires.

CHAPITRE II

DE LA RESTITUTION PROPREMENT DITE

Les parties vont procéder à la restitution ex Trebelliano, suivons-les dans leurs opérations et demandons-nous successivement : 1° Quand devait avoir lieu la restitution ; 2° Où on devait la faire ; 3° Comment elle devait se faire ; 4° Enfin, et c'est de beaucoup le point le plus important de notre chapitre, ce qu'elle comprenait.

SECTION PREMIÈRE
Quand devait avoir lieu la restitution ex Trebelliano

Le fidéicommissaire pouvait demander la restitution de la libéralité dès le jour de la mort ou plutôt de l'*apertura tabularum* quand le grevé était héritier nécessaire ou sien et nécessaire ; dès le jour de l'adition quand le grevé était un héritier externe, *si le fidéicommis était pur et simple ;* s'il était à *terme,* du jour de l'arrivée du terme. Si le fidéicommis était *conditionnel* il devait attendre pour agir la réalisation de la condi-

tion ; jusque-là, en effet, l'existence même du fidéicommis était incertaine, et la mort du bénéficiaire
avant l'arrivée de la condition entraînait la déchéance
de la libéralité [1].

Gaius nous dit que le fiduciaire pouvait avant le
terme ou avant la condition restituer son fidéicommis,
mais qu'alors les actions ne passaient pas ex Trebelliano au bénéficiaire parce que la volonté du testateur
n'était pas accompli [2]. Doneau fait remarquer que le
terme dont parle Gaius est le terme incertain, d'accord
avec Cujas, qui assimile ici le *dies* à la condition ce
ce qui n'est vrai que du *dies incertus*, et en effet dans
le *dies certus*, celui qui restitue avant terme ne va pas
à l'encontre de la volonté du testateur ; ce *dies* est
ajouté dans l'intérêt de l'héritier, qui peut y renoncer
à son gré, sans méconnaître la volonté du testateur [3].
Quand le fidéicommis était conditionnel ou à terme
incertain, on devait même accorder au fiduciaire la
condictio indebiti, mais une fois la condition réalisée,
le terme arrivé, si la restitution était ratifiée, les actions passaient au fidéicommissaire ex Trebelliano [4].

Nous devons noter une exception aux règles sur les

1. L. 1, pr., §§ 1, 2, 3, D., XXXV, 1, *De cond.* — Inst., *quibus modis ollitur obligatio.*
2. Gaius, L. 10, D., *Ad S.-C. Treb.*
3. Doneau, *De jure civili*, Liv. VII, cap. XXII § 23. — L. 1, § 1, D. *De condit.*
4. Gaius, 0, *Ad S.-C. Treb.*

conditions : lorsqu'il s'agissait *d'une condition négative, imposée au fidéicommissaire,* condition dont la
réalisation ne pouvait pas être constatée avant sa
mort, celui-ci, en donnant la *caution Mucienne*[1], *cum
satisdatione*[2], pouvait exiger la restitution : telle était
la condition « si in Asiam non venerit[3] ». Mœcianus,
dans la loi 65 au Digeste ad S.-C. Treb., consacre
cette règle générale ; d'après Julien, il est probable
également que, même pour les conditions négatives
qui peuvent se réaliser pendant la vie du fidéicommissaire, mais dépendent de sa volonté, la même ressource lui fut accordée, par exemple « Si Stichum non
manumisserit[4] » ; il n'en serait pas de même de celle-
ci « si Titium non nupsisset[5] » car la volonté de Titius est également nécessaire.

SECTION II
Où doit être faite la restitution ex Trebelliano

La volonté du défunt est toute-puissante encore sur
ce point, Ulpien nous le dit, et cette volonté n'a pas
même besoin d'être expresse, il suffit qu'il soit probable « verisimile[6] » que le testateur ait fixé un lieu
déterminé.

1. Ulpien, 7, D., *De condit. et dem.* — Papinien, 73, D., *eod. titulo.*
2. L. 67, L. 106, D., *eod. tit.*
3. L. 65, § 1, D., *Ad S.-C. Treb.*
4. L. 7, D., *De condit. et dem.*
5. Loi 106 précitée.
6. Ulpien, L. 47, pr., D., *De leg.*, 1°.

A défaut de cette volonté, le jurisconsulte nous dit que, d'après de nombreuses constitutions, la *petitio fideicommissi* doit avoir lieu « ubi major pars hereditatis est ». On peut également poursuivre la restitution de la libéralité au domicile de l'héritier : « ubi domicilium heres habet [1] ».

Paul fait une réponse identique dans une espèce un peu différente : l'hérédité a été restituée, et l'on se demande où le fidéicommissaire pourra être poursuivi ; le jurisconsulte répond : à son domicile, à l'endroit où se trouve la majeure partie des biens. Il exclut implicitement le domicile du défunt et celui de l'héritier [2].

SECTION III
Comment devait se faire la restitution ex Trebelliano.

Il s'agit ici d'une hérédité, d'une *universitas juris*, d'une chose incorporelle qu'il faut restituer. Ce n'est pas, comme dans la *petitio hereditatis*, un propriétaire qui revendique des objets de l'hérédité possédés par un tiers, c'est un bénéficiaire qui demande à être mis « heredis loco », à être investi en fait d'une qualité nouvelle, celle de fidéicommissaire ex Trebelliano, qu'il ne possédait encore qu'en droit. Aussi voyons-nous les jurisconsultes ne s'occuper que de la *volonté*

---

1. L. 50, pr , § 2, D., De judiciis.
2. Paul, 66, § 4, D.. *Ad S -C. Treb.*

des parties [1], le fiduciaire a-t-il eu la volonté de restituer, le fidéicommissaire la volonté de recevoir, la restitution est accomplie, parfaite : « voluntas, ratum habere, mens, verbum, jussus » sont les termes employés par Ulpien.

Cette volonté se manifestera « re aut verbis ». Elle se manifestera *re ipsâ* si le fidéicommissaire se met en possession des choses héréditaires du consentement du fiduciaire, ou obtient la ratification de celui-ci ; elle se manifestera *verbis* quand le fiduciaire déclarera vouloir restituer, le fidéicommissaire vouloir accepter la restitution. Entre absents, cette déclaration se fera valablement *per nuntium ou per epistolam*. Un tiers peut restituer, un tiers peut recevoir pourvu que ce soit du consentement des parties (loi citée).

Y aurait-il seulement *commencement de restitution*, la volonté s'est manifestée, le fidéicommis s'exécutera, et les actions passeront ex Trebelliano, pourvu qu'il n'y ait pas eu transaction [2] sur l'exécution de la volonté du défunt. Si le fiduciaire retenait des objets de l'hérédité, le fidéicommissaire, par l'action *familiæ erciscundæ*, l'obligerait à restituer [3]. Julien rapporte l'opinion conforme de Marcellus.

Il faut que le grevé transmette son droit au bénéfi-

1. Ulpien, 37, pr , D., *Ad S.-C. Treb.*
2. Scævola, 78, § 16. D., *Ad S.-C. Treb.*
3. Julien, L. 27. § 11. D., *Ad S.-C. Treb.*

ciaire, il ne suffit pas qu'il y renonce. La restitution,
dit M. Labbé [1] « n'est pas un déguerpissement devant
un droit indépendant et absolu qui s'exerce ; elle est
la cause de la transmission des droits du défunt au
fidéicommissaire qui jusqu'alors n'était que créancier
de l'héritier ». Tout ceci est la conséquence de la
qualité de créancier que nous avons reconnue au fidéicommissaire. Au temps de Justinien, quand le fidéicommissaire eut un droit réel, il faudrait renverser
tout ce que nous venons de dire. La restitution n'est
plus qu'un délaissement de la possession, qui peut
s'opérer sans la volonté du fiduciaire ; celui-ci n'est
plus qu'un propriétaire sous condition résolutoire, ou
même cesse de l'être, car le fidéicommissaire, investi
de l'action réelle, revendiquera les biens de l'hérédité
jusqu'entre les mains des tiers.

SECTION IV
Que comprend la restitution ?

Le fidéicommissaire recevra l'*hérédité* recueillie
par le fiduciaire. Cette restitution pourra comprendre toute l'hérédité : biens, obligations, actions, mais
cependant un certain nombre de choses ne lui par-
viendront pas. Le testateur a pu restreindre l'institution à une quote-part de son patrimoine ou permettre à l'héritier de retenir des choses déterminées ou

1. Appendice VI, p. 750 : Ortolan, *Instituts*, t. I.

des sommes d'argent, et sa volonté est toute-puissante
en cette matière: l'héritier ne pourra transmettre que
les droits résidant sur sa tête au moment de la restitution, et il y a des droits appartenant au de cujus qui
ne lui parviennent pas ; enfin des dispositions législatives ou les principes du droit limitent encore cette
restitution.

Le fiduciaire gardera :

1° La part d'hérédité que le défunt lui a laissée ;

2° Les biens que le testateur l'a chargé expressément de retenir ;

3° Les biens que le testateur lui a laissés tacite-
ment, ce qui comprend spécialement : le *prælegatum*
laissé à l'héritier [1], et la dot de l'héritière fiduciaire ;

4° Les propres biens du fiduciaire possédés par le
défunt et venus dans l'hérédité ;

5° La valeur des affranchissements que le de cujus
lui a imposés ;

6° Le montant des impenses que ses obligations de
fiduciaire ont entraînées; toutes les dépenses nécessaires, les dépenses utiles, quant à leur chiffre ou à
la plus-value qu'elles ont occasionnée; parmi les dépenses voluptuaires, ce qu'il pourra détacher sans
préjudice pour l'hérédité [2].

1. L. 86, D., *Ad legem falcidiam.*
2. 38, pr., D., *De rei vindicatione.* — 22, § 2, D., *Ad S.-C. Treb.* —
69, 36, D., *Ad S.-C. Treb.* — 58, D., *De legatis* 1°.

Le fiduciaire ne pourra non plus restituer certains droits personnels au défunt, qui ne lui sont pas parvenus, citons :

1° Les servitudes personnelles, usufruit, usage ou habitation ;

2° Les actions *meram vindictam spirantes*, par exemple l'*actio injuriarum;* les actions *populares,* comme celle *sepulcri violati;* le droit d'obtenir satisfaction d'une *in jus vocatio injusta ;*

3° Le bénéfice de compétence ;

4° Les *privilegia* du pupille et de la femme, etc.

L'héritier ne restituera pas non plus certains droits qui lui parviennent, mais qui, en vertu de leur nature ne peuvent se transmettre au fidéicommissaire :

1° Le *jus sepulcrorum ;*

2° Les *jura patronatus,* l'*actio operarum,* servitude personnelle, transmissible à l'héritier ;

3° Les *operæ servi aut animalium ;*

4° L'action Aquilie obtenue après l'adition, etc.

Il ne restituera pas les biens de l'hérédité que le fidéicommissaire aurait dérobés.

Après avoir indiqué sommairement ce qui ne vient pas dans le fidéicommis, nous nous demanderons ce que comprend la restitution : quelles choses corporelles, quels droits réels ou personnels, quelles actions ou exceptions sont restitués, qui a la charge des legs et fidéicommis.

Nous aurons à nous occcuper de l'hérédité *à trois époques distinctes : au moment de la mort*, car c'est à ce moment-là seulement que l'on sait de quoi se compose le patrimoine du défunt ; *au moment de l'adition d'hérédité*, car des acquisitions ont pu être faites par l'hérédité dans l'intervalle qui sépare ces deux époques, et il est important de savoir à qui elles appartiennent ; enfin et surtout *au moment de la restitution* parce que, entre l'époque de l'adition et celle de la restitution, le fiduciaire, en qualité d'héritier, a été administrateur, a pu aliéner ; parce que des confusions ont pu se produire et entraîner des pertes ou des gains pour le fiduciaire. Nous savons du reste qu'en principe, l'hérédité passe au fidéicommissaire avec ses *commoda et ses incommoda*, avec les dettes, la charge des legs et fidéicommis, comme avec les créances, les biens et les actions.

§ 1er. — *Des res hereditariæ corporales*

La règle générale est posée au Digeste [1] par Gaius ; les *res corporales* après la restitution deviennent la propriété du fidéicommissaire. « Omnes res » dit Gaius. Cette expression très compréhensive embrasse :

1° *Tous les biens qui existaient au moment de la mort du de cujus*, biens mobiliers ou immobiliers, que

---

1. Gaius, L. 63, pr. D., *Ad S.-C. Treb.*

le défunt en fût propriétaire *ex jure quiritium*, ou les eût seulement *in bonis ;* bien plus les *res alienæ* possédées par le défunt, en voie d'usucapion, ou possédées à titre de gage, commodat, dépôt, les choses même détenues sans titre et de mauvaise foi, passent au fidéicommissaire, avec les actions ou interdits qu'elles procuraient au testateur.

La généralité de cette règle comporte *quelques exceptions*. Si le fidéicommis est seulement d'une quotepart des biens, le bénéficiaire ne recevra que la part qui lui est laissée; de même, par suite de la volonté du défunt ou par interprétation de cette volonté, si elle est tacite, ne seront pas restitués certains legs faits à l'héritier, ni la dot de la fille fiduciaire. On recherche avant tout la volonté du de cujus, ce qui donne parfois lieu à des difficultés. Si le testateur a laissé un fidéicommis « deductis legatis » comme il peut le faire [1], il n'est pas douteux que l'héritier puisse retenir les legs. Pas de doute non plus en sens contraire si le fidéicommis est laissé « non deductis legatis ». Si le de cujus a donné un *prælegatum*, c'est-à-dire au cas où il y a plusieurs héritiers, un legs que le fiduciaire doit recueillir, indépendamment de sa part héréditaire, que deviendra ce *prælegatum?* Ce legs contient une part héréditaire que le fiduciaire reçoit de lui-même et une part qu'il reçoit

1. L. 5¹, D., *Ad S.-C. Treb.*

de ses cohéritiers. Il y a lieu à distinctions : si le défunt a prié le fiduciaire de restituer « portionem suam » il ne pourra retenir les *præceptiones* ; « portionem hereditariam », il gardera la part de legs qu'il a reçue *à cohærede*, car celle-ci n'est pas une portion de sa part héréditaire [1]. Enfin, d'une façon générale, si les legs précèdent la prière de restituer, l'héritier ne pourra les retenir ; si les legs suivent, l'héritier le retiendra, parce que dans ce dernier cas le de cujus semble exclure les legs du fidéicommis. La loi *Titia ad legem Falcidiam* jette un grand jour sur cette question [2].

La fille instituée par son père et chargée de restituer gardera sa *dot*, même si la restitution ne doit avoir lieu qu'après sa mort [3], et la raison en est simple, c'est que le désir du père, conforme à son affection, est de doter sa fille et de lui conserver cette dot, qui est du reste son patrimoine propre [4]. La solution inverse eut été fâcheuse : le fidéicommis serait devenu un moyen facile d'éluder la constitution de Sévère obligeant les pères à doter leurs enfants [5].

Les *res alienæ* possédées par le défunt de bonne

---

1. L. 18, § 3, D., *Ad S.-C. Treb.*
2. L. 86, D., XXXV, II.
3. L. 62. pr., 51, 22 § 4, D., *Ad S.C-. Treb.*
4. L. 3, § 5, D., *De minoribus.*
5. L. 19, D., *De ritu nuptiarum.*

foi et avec juste cause[1], par exemple à titre de legs fait par un *non dominus*, passent au fidéicommissaire; mais si par hasard c'étaient des choses de l'héritier que le de cujus possédait ainsi, elles seraient exclues de la restitution, parce qu'elles ne sont pas parvenues à l'héritier à titre héréditaire[2].

Le fidéicommissaire ne recueillera pas davantage les biens qu'il a dérobés à la succession[3].

2° Tous les *biens acquis par l'hérédité dans l'intervalle qui a séparé la mort du de cujus de l'adition* passent au fidéicommissaire. De cette nature sont les choses acquises par les esclaves héréditaires pendant ce délai[4], les fruits et intérêts produits par l'hérédité[5], le part des esclaves[6], toutes les accessions matérielles « incrementa rerum », celles résultant de l'alluvion[7], l'île formée dans le fleuve[8], les incorporations résultant des deux règles « superficies solo cedit » et « plantæ quæ terra coalescunt, solo cedunt ». Toutes ces choses-là sont, en effet, acquises par l'hérédité « quæ personam defuncti sustinet » et

---

1. L. 49, D , *De verb. signif.*
2. L. 52, pr., D., *Ad S.-C. Treb.*
3. L. 48, D., *Ad S.-C. Treb.* — L. 5, C., *De legatis.*
4. L. 10, § 2, D., *De adq. rer. dom.*
5. L. 27, § 1, in fine, D., *Ad S.-C Treb.*
6. L. 22, § 3, D., *Ad. S.-C. Treb.*
7. Gaius, II, § 70.
8. Gaius, II, § 72.

tout ce qui fait partie de l'hérédité vient dans la restitution.

Il n'y a d'exception que pour les choses dérobées par le fidéicommissaire, pour les choses qui auraient péri, pour les dépenses excessives qui auraient fait subir à l'hérédité quelque diminution. Lorque le fiduciaire est un héritier nécessaire ou sien et nécessaire, cette période disparaît : il n'y a que deux époques à considérer : celle de la mort, celle de la restitution.

3° *Pour les biens acquis après l'adition d'hérédité*, il y a beaucoup plus de difficultés. De l'adition à la restitution, il y a une période importante et qui peut se prolonger si le fidéicommis est à terme ou conditionnel.

Tout ce que le fiduciaire a perçu en vertu d'une obligation héréditaire, civile, prétorienne ou même naturelle, à *titre de capital* et non à titre de fruits et intérêts, sera restitué au fidéicommissaire[1]. De même le part des esclaves, si le fidéicommis est exigible, mais non s'il est à terme ou conditionnel[2].

En dehors de là *tout ce que le fiduciaire a perçu à l'occasion des choses héréditaires lui appartient :* les fruits en particulier « nec fructus fideicommissarium sequitur[3] », ce qui doit s'entendre des fruits perçus

---

1. L. 47, 58, § 2, D., *Ad S.-C. Treb.*
2. L. 22, § 3, D , *Ad S.-C. Treb.* — L. 14, § 1, D., *De usuris.*
3. Marcellus, L. 44, § 1. D., *Ad S.-C.*

après l'adition, puisque ceux perçus avant « augent hereditatem ». Nous en dirons autant des paiements des colons, du produit des travaux des esclaves, du produit des transports des navires et des bêtes de somme[1], en général des intérêts. Ainsi d'une façon presque absolue nous pouvons dire, après Marcellus, que tout le produit des diverses choses composant l'hérédité appartiendra au fiduciaire. Quelle est la raison de cette disposition? Quand le fidéicommissaire demande la restitution ex Trebelliano, on lui restitue tout ce qui, à un moment donné, a fait partie de l'hérédité. Or, depuis l'adition tous les biens composant la succession sont devenus les biens de l'héritier, et leur produit n'a jamais fait partie de l'hérédité et ne doit donc pas être restitué[2] « quoniam in percipiendis fructibus, magis corporis jus ex quo percipiuntur, quam seminis ex quo oriuntur, adspicitur..... », et[3] « fructus autem non hereditati, sed ipsis rebus accepto feruntur ». Si nous trouvons quelques textes qui semblent s'écarter de cette application, en ce qui concerne le part de l'esclave, ils s'expliquent facilement si on rappelle que les Romains considéraient le part de l'esclave non comme un produit mais comme une partie de l'esclave elle-même et pas la moins im-

1. Ulpien, L. 29, D., *De hered. petit.*
2. Julien, 25, § 1, D., *De usuris.*
3. 18, § 2, D., *Ad S.-C. Treb.*

portante « propter dignitatem hominis [1] ». Or, une partie d'une chose héréditaire est elle-même chose héréditaire. Ulpien fait aussi remarquer que l'on n'a pas des esclaves dans un but de reproduction [2].

Cette règle générale comporte deux restrictions :

1° A partir du jour où le fiduciaire aura été mis en *demeure* de restituer, les fruits et autres accessoires perçus appartiendront au fidéicommissaire [3]. C'est un effet général de la *mora* dans les *judicia bonæ fidei*. Il faut et il suffit qu'il y ait eu une *interpellatio* régulière et une résistance frauduleuse [4].

2° Si *le testateur a voulu* que l'héritier restitue les fruits et intérêts, ceux-ci devront être restitués, soit qu'il l'ait dit expressément [5], soit qu'il ait chargé l'héritier de restituer l'hérédité *cum incremento*, c'est-à-dire avec les produits des biens [6]; ou de restituer « quantacumque pecunia ex hereditate pervenit [7] » ; ou encore « quidquid ex hereditate supererit [8] ».

D'autres choses encore que les *incrementa* pouvaient, pendant cette période, être perdues pour le

1. Gaius L. 28 § 1, D. *De usuris.*
2. Ulpien L 27 § 1, D. *De her. petit.*
3. L. 18, pr. L. 27, § 1, L 44, in fine, D., *Ad S.-C. Treb.* — L. 3, pr. D., *De usuris.*
4. L. 32, pr. §§ 1 et 2, D., *De usuris.*
5. L. 18, pr., D., *Ad S.-C. Treb.*
6. L. 27, § 1, L. 63, § 4, combinées, D., *Ad S.-C.*
7. L. 32, D., *Ad S.-C. Treb.*
8 L. 3, § 2, D., *De usuris.*

fidéicommissaire. Le fiduciaire étant héritier pouvait
aliéner des « res hereditarias ». Ces aliénations n'é-
taient pas nulles : elles pouvaient être justifiées soit
par une autorisation du défunt ou du fidéicommissaire [1], soit par certaines nécessités : pour constituer
une dot [2], acquitter des legs ou dettes de la succession; elles étaient encore valables si l'héritier et l'a-
cheteur étaient de bonne foi et alors l'héritier en devait le prix [3]. Les biens aliénés, même en dehors des
hypothèses que nous venons de citer, ne rentraient
pas dans la restitution au fidéicommissaire, nous
pouvons même dire, *en règle générale, que les aliénations étaient valables.* « Nous devons reconnaître
toutefois, dit M. Labbé, que, en matière de restitution
d'hérédité, le magistrat interposait son autorité pour
faire rentrer dans la masse, au profit du fidéicommissaire, les biens aliénés par le fiduciaire en violation
de son devoir, et au profit des tiers de mauvaise foi :
mais, d'après la rédaction des textes, une pareille aliénation n'était pas nulle, comme faite par une personne
sans droit, elle était révocable à peu près comme une
aliénation faite par un débiteur, en fraude de ses
créanciers. La révocation dépendait des *circonstances.*
En général, *la bonne foi mettait les tiers acquéreurs à*

1. L. 11, C., VI. XLII.
2. L. 22, § 4, D., *Ad S.-C. Treb.*
3. Scævola, L. 89, § 7, D., *De leg.*, 2º

*l'abri de toute recherche et hors de l'atteinte du fidéi-
commissaire lésé*[1] ».

M. Labbé cite un texte contraire à cette théorie[2] :
il s'agit de servitudes éteintes par confusion qui semblent renaître, au moins *jure prætorio*. Ne pourrait-on
pas dire que ce texte n'infirme en rien ce qui pré-
cède, car il ne s'agit plus ici d'aliénations, mais de
confusion ; les tiers ne sont point intéressés à leur non-
rétablissement, et elles peuvent revivre d'elles-mêmes,
de même que la propriété est transférée *nudâ volun-
tate*, en vertu du sénatus-consulte.

Que décider, au cas où le fiduciaire, joignant l'u-
sucapion de son auteur à la sienne, acquiert une *res
aliena* que le défunt était en voie d'usucaper. Devra-
t-il la restituer au bénéficiaire, en devra-t-il moins le
prix ? Nous croyons qu'il devra restituer le bien lui-
même, car il ne l'a usucapé que comme fiduciaire,
comme héritier grevé de restitution.

Les *esclaves de l'hérédité affranchis* par l'héritier, ne
seront pas restitués. Cette décision a été rendue par
faveur pour la liberté, et pour la même raison qui a
fait valider les aliénations ; l'héritier devra la valeur
de l'esclave et non seulement sa valeur, mais encore
l'estimation des acquisitions que le bénéficiaire aurait

1. Paul, *Sent.*, IV, I, § 15. — Scœvola, 89, § 7. D., *De leg*, 2°. —
Scœvola, 38, pr., D., *De leg.*, 3°. — Ulpien, 22, § 4, D., *Ad S.-C. Treb.*
2. L. 73, § 1, D., *Ad S.-C. Treb.*

réalisées par cet esclave, s'il n'avait pas été affranchi. Julien nous fait remarquer que, l'affranchissement eût-il été fait de bonne foi, le prix de l'esclave n'en se-serait pas moins dû, décision analogue à celle que nous avons adoptée pour les aliénations [1].

Les *choses péries* ne seront pas restituées, mais nous avons vu dans quels cas l'héritier est responsable de leur perte ou de leur détérioration [2] (L. 70, § 1, D. Ad S.-C. Treb.).

Enfin l'héritier aura *un jus retinendi* pour le montant des *dépenses* qu'il aura faites et des obligations qu'il aura contractées pour arriver à l'exécution du fidéicommis. Il retiendra les dépenses nécessaires, le montant des impenses utiles ou de la plus value qui en sera résultée, et aura un *jus distrahendi* pour les dépenses voluptuaires [3].

Les *res corporales* ont été restituées au fidéicommissaire, quelle est *l'effet de cette restitution?*

Le fidéicommissaire ex Trebelliano est mis *loco heredis*; les aliénations faites par lui, avant qu'il devînt propriétaire, seront confirmées; les biens héréditaires par lui donnés en gage, seront valablement engagés; ce sont des applications de la règle générale sur les

1. L. 25, §§ 2 et 3, D., *Ad S.-C. Treb.*

2. L. 70, § 1, D., *Ad S.C. Treb.*

3. 69, 36, D., *Ad S.-C. Treb.* — 58, D., *De legatis*, 1º. — 22, § 2, D., *Ad S.-C. Treb.* — 38, D., *De rei vindicatione.*

aliénations de la chose d'autrui en droit romain [1]. Relativement aux choses héréditaires, le bénéficiaire est *heredis loco :* cela veut-il dire que relativement aux *res hereditarias* susceptibles de propriété quiritaire, il devient *propriétaire ex jure quiritium ou propriétaire bonitaire ?* Cette question a vivement divisé les interprètes : Cujas et Favre notamment. En faveur de la seconde solution, de l'opinion qui accorde au gratifié la propriété bonitaire seulement, on invoque la loi 63 de Gaius [2] : « Factâ in fideicommissarium restitutione statim omnes res, in bonis fiunt ejus cui restituta est hereditas, etsi nundum earum nactus fuerit possessionem », et une loi de Julien [3] dans laquelle le jurisconsulte nous dit qu'un usufruit étant acquis *ex causâ fideicommissi,* on en a seulement la possession, mais non le *dominium,* et Favre appuie ce texte des principes du droit, en disant que le *dominium* suppose une tradition *ex justâ causâ,* c'est-à-dire *causâ civili* [4], et que les fidéicommis ne sont pas reconnus par le droit civil [5]. Ne pourrait-on pas dire tout aussi bien avec Cujas, Osualdus, Hilligerus, etc., que le fidéicommissaire acquiert le *dominium ?* Des textes semblent formels dans ce sens : Modestin nous parle de « dominium ex causâ fidei-

1. Papinien, L. 56, D., *Ad S.-C. Treb.*
2. Gaius, L. 63, D., *Ad S.-C. Treb.*
3. Julien, L. 3, D., *Si usufr. petat.*
4. L. 31, pr., D., *De adq. rer. dom.*
5. Faber, *Conjecturarum,* L. VII, C. iv.

commissi acquisitum [1] », il faut remarquer du reste que *dominium* s'entend de la propriété quiritaire dans les textes du Digeste [2] et que d'autre part, l'acquisition de la propriété bonitaire comporte la possession, tandis que Gaius, dans la loi 63, nous dit que cette condition n'est pas nécessaire pour l'acquisition par le fidéicommissaire. L'expression « in bonis », employée par Gaius, serait un terme général qui n'exclurait pas la possibilité du *dominium*, mais embrasserait les deux propriétés ; et on fait remarquer qu'il serait étrange que la tradition d'une chose *ex fideicommissi causâ*, par un non-propriétaire, permît l'usucapion, et que la tradition par le vrai propriétaire ne transférât pas le *dominium* [3] ; or, l'héritier est bien propriétaire. Le texte de Julien ne prouverait rien, car il s'agirait d'une *res aliena*, sur laquelle le fidéicommissaire ne pourrait avoir plus de droit que le testateur.

Malgré cette ingénieuse façon d'expliquer les textes de Gaius et Julien, nous nous rangerons du côté de Favre pour deux raisons : 1° l'expression *dominium* est au moins aussi susceptible que l'expression in bonis de comprendre les deux propriétés, ce qui annule le texte de Modestin. Gaius nous dit, en effet « divi-

[1]. L. 42, D., *De usuris.*
[2]. 15, § 16, D., *De damno infecto.* — 1 pr., D.. *De fundo dotali.*
[3]. L. 13, § 10, in fine, D., *De adq. vel am. poss.*

sionem accepit dominium ut alius possit ex jure Quiritium dominus, alius in bonis habere » [1] ; cette propriété bonitaire est fortement organisée car elle est
protégée par le préteur et le *nudus dominus* n'a aucun pouvoir contre elle ; 2° le S.-C. Trébellien qui
laisse au fiduciaire la qualité d'héritier avec ses conséquences, doit laisser reposer sur l'héritier le *nudum
dominium*, le fidéicommissaire sera « loco heredis »,
héritier utile, et aura la propriété utile [2].

Comme le *nudus dominus*, l'héritier qui causera
un dommage à une chose de l'hérédité après la restitution sera responsable du chef de la loi Aquilie envers le fidéicommissaire [3],

Il aura la répétition de l'indu, s'il a restitué plus
qu'il ne devait.

§ 2. — *Des jura ou res incorporales.*

Nous étudierons successivement : 1° les *jura in re*,
2° les obligations actives et passives.

1° *Jura in re.*

En principe les *jura in re* passent au fidéicommissaire et contre lui. Cette restitution comprendra :

Les droits réels appartenant au défunt au moment

1. Gaius, II, § 40.
2. M. Accarias résoud la question dans le même sens, t. I, p. 724,
4ᵉ édition, sans motiver sa décision.
3. L. 70, § 1, in fine, D., *Ad S.-C. Treb.*

de sa mort, droit de propriété quiritaire ou bonitaire, servitudes réelles, droits de gage, de superficie, d'emphytéose, le droit à une hérédité. Ne seront pas comprises dans la restitution les servitudes personnelles à savoir l'usufruit, l'usage et l'habitation parce qu'ils s'éteignent à la mort du de cujus , *les operæ servi aut animalium* parce qu'ils ne sont transmissibles qu'à l'héritier [1].

La restitution comprendra également les *jura in re* acquis par l'hérédité avant l'adition, par des esclaves héréditaires par exemple, comme nous l'avons vu pour les choses corporelles, parce que ces acquisitions sont faites par l'hérédité et non par l'héritier et que ce qui est héréditaire vient dans la restitution [2].

Enfin les *jura in re* acquis pendant la période qui sépare l'adition de la restitution resteront à l'héritier, par exemple l'hérédité acquise à un esclave qui fait adition sur l'ordre de l'héritier [3], ou autres droits par lui stipulés [4].

Mais quel est l'effet de la restitution relativement aux *servitudes* existant entre des fonds du testateur et des fonds de l'héritier ? Elles se sont éteintes par la confusion lors de l'adition du fiduciaire, revivront-

1. L. 2, D., *De usu et usufructu.*
2. L. 10, § 2, D., *De acq. rer. dom.* — L. 18, § 2, D., *Ad S.-C. Treb.*
3. L. 63, § 4, D., *Ad S.-C. Treb.*
4. L. 27, § 1, D., *Ad S.-C. Treb.*

elles lors de la restitution sans avoir besoin d'être rétablies par un mode constitutif de servitudes, c'est là une question très débattue. M. Accarias écrit [1] « Les servitudes qui existaient entre le fonds du défunt et celui de l'héritier doivent être rétablies, et c'est là, je pense, toute la signification d'un texte qui au premier aspect paraît nier qu'elles aient été éteintes [2] ». M. Labbé, dont l'opuscule cité nous a souvent guidé dans notre matière, après avoir parlé des aliénations faites par l'héritier et dit que « en général la bonne foi mettait les tiers-acquéreurs à l'abri de toute recherche et hors de l'atteinte du fidéicommissaire lésé » ajoute en note : « un texte concernant les servitudes qui existaient entre les fonds du défunt et ceux de l'héritier grevé est embarrassant dans notre manière de voir et difficile à concilier avec les autres documents qui nous sont parvenus. Elles devraient selon nous être rétablies. En tout cas elles n'existeront que jure prætorio [3] ».

Il est de règle constante en effet, en matière de servitudes, que celles-ci, une fois éteintes, par confusion, doivent être rétablies par un mode constitutif de servitudes, par exemple en cas de vente d'une hérédité dont un fonds est grevé au profit du vendeur [4],

1. Accarias, t. I, 4e éd., p. 1115, note 2, in fine.
2. L. 73, § 1, D., *Ad S.-C. Treb.*
3. Ortolan, 12e éd., livre II. — Appendice, VI, p. 751 et la note.
4. L. 9, D., *Communia præd.*

ou dans une espèce presque identique à la nôtre, en cas de legs : c'est un fonds légué dont la servitude a été éteinte par confusion, elle sera rétablie [1] ; de même encore quand le mari rend la dot qu'il a reçue [2]. Conclusion : quand une servitude a été éteinte par confusion, qu'il s'agisse de vente, de succession ou de dot, elle ne revivra pas de plein droit.

En peut-il être autrement en notre matière ? On peut le soutenir ; le texte déjà cité est bien formel en ce sens « cum ex Trebelliano senatus-consulto restituitur hereditas, servitutes, quas mutuo prædia heredis et testatoris habent, nihilominus valere [3] ». Doneau croit que l'on peut accepter ce texte tel qu'il est, qu'après la restitution les servitudes « valere jure, nec necesse esse iterum eas imponi [4] ». Plusieurs raisons semblent appuyer cet avis : la théorie générale du S.-C. est que, aussitôt les parties d'accord sur la restitution, et la déclaration faite « verbis » par le fiduciaire « res in bonis fiunt fideicommissarii [5] ». Ainsi pour les res corporales même les principes du droit ne sont pas observés, les Romains n'ont pas connu le transfert de propriété *solo consensu* ; pour les actions, nous allons le voir, la même règle est ob-

1. L. 18, D., *De servitutibus*.
2. L. 7, § 1, D., *De fundo dotali*.
3 L. 73, § 1, D., *Ad S.-C. Treb.*
4. Doneau, *De jure civili*, C. : L. VII, C. xxviii, § 12.
5. L. 63, pr., D., *Ad S.-C. Treb.*

servée, les modes de transfert du droit civil sont inutiles, la *procuratio in rem suam* superflue, pourquoi donc les servitudes resteraient-elles seules en dehors du droit commun des fidéicommis. Si l'on objecte qu'il ne s'agit pas seulement ici de choses qui ne s'établissent pas par la destination du père de famille, qu'il y a encore le fait de la confusion dont il faut tenir compte, nous répondrons que cette confusion on la tient pour non avenue quand c'est l'intérêt des parties, que dans notre matière même, dans les *jura in re*, à propos du *pignus*, une décision nous prouve que le système du Trébellien est de mettre le fidéicommissaire dans la situation du défunt vis-à-vis du fiduciaire [1]. Un héritier a accepté *coactus*, la restitution a donc lieu ex Trebelliano ; or l'effet de la confusion a été d'entraîner l'extinction de la créance avec ses accessoires, il n'y a donc plus de *pignus*. Et cependant, quand l'héritier restituera, il pourra retenir ce pignus, sans que l'héritier fidéicommissaire puisse s'en plaindre ou puisse en réclamer la restitution ; bien plus, s'il ne l'a pas retenu il pourra le demander par l'action hypothécaire. Il subsiste, dit-on, une obligation au moins naturelle qui suffit à valider le gage, très bien, mais ce pignus, il n'existait plus, c'est un *jus in re*, comme les servitudes, et il survit à son extinction, la confusion étant non avenue.

1. L. 59, pr., D , *Ad S.-C. Treb.*

Le droit d'hypothèque est un droit réel né d'un contrat à l'occasion d'une créance, et pour la garantir ; nous admettons très facilement que le fidéicommissaire pourra en jouir. Si on tentait de nous objecter la confusion qui a éteint la créance du testateur contre l'héritier, nous répondrions avec Marcien [1] que l'hypothèque a ses règles spéciales, qu'elle s'éteint quand il y a paiement ou quand le créancier est satisfait et qu'en dehors de là elle subsiste. Il cite le cas où l'on obtient contre une personne qui a donné caution une condamnation, et nous dit que, malgré la caution et l'*actio judicati* qui assurent le paiement du créancier, l'hypothèque subsistera parce que le créancier n'a pas été satisfait. Combien plus après la confusion lorsque revit au moins une obligation naturelle, le droit d'hypothèque revit aussi ; ou plutôt il ne s'est pas éteint, le testateur ne s'est pas déclaré satisfait, la confusion empêche plutôt le paiement qu'elle n'éteint l'obligation, le droit d'hypothèque et l'action hypothécaire subsisteront au profit du fidéicommissaire.

2° *Obligations actives et passives.*

Les obligations actives et passives, les créances et les dettes du *de cujus* passeront au fidéicommissaire. Ce seront toutes les *obligations civiles ou prétorien-*

---

1. Marcianus, L. 13, § 4, *D.*, *De pign. et hyp.*

nes, avec les actions qu'elles engendrent, toutes les *obligations naturelles*, qui existaient au bénéfice ou à la charge du défunt au moment de sa mort, et toutes celles qui ont été acquises à l'hérédité avant l'adition en vertu de la règle « hereditas personam defuncti sustinet », par des stipulations des esclaves par exemple.

Les obligations naturelles elles-mêmes passent au bénéficiaire, ce qui veut dire qu'après la restitution, le fidéicommissaire devra naturellement ce que le défunt devait naturellement, ce qui suffira à valider un paiement, à permettre les garanties accessoires, et la plupart du temps la compensation [1]. De même les créances naturelles du défunt passent au fidéicommissaire [2]. Mœcianus nous en donne un exemple : l'hérédité d'un pupille à qui on avait prêté de l'argent sans l'*auctoritas* de son tuteur, m'est restituée, je ne pourrai répéter si je paye. Cujas restreint le refus de *condictio indebiti*, l'impossibilité de répéter au cas où le pupille s'est enrichi et au montant de cet enrichissement ; il semblerait plutôt que dans la limite de cet enrichissement l'obligation fût sanctionnée par une action *in factum : de eo quod locupletior factus est*.

Il faut pourtant excepter de la règle certaines *obli-*

1. Mæcianus, L. 64 pr., D., *Ad S.-C. Treb.*
2. Paul, L. 40 pr., D., *Ad S.-C. Treb.*

gations qui, reposant sur un intérêt moral plutôt que
pécuniaire, ne sont pas transmissibles : de ce genre est
l'obligation sanctionnée par l'*actio injuriarum* qui ne
passe ni activement aux héritiers de l'offensé[1], ni passivement contre les héritiers du coupable[2], nous verrons plus loin que les actions auxquelles elles donnent
lieu sont aussi intransmissibles. Les contrats faits
intuitu personæ disparaîtront avec la mort du con-
tractant et il ne se formera plus d'obligation entre les
héritiers du *de cujus* et les autres contractants, mais
les rapports déjà nés à la mort du *de cujus* seront activement et passivement transmissibles[3].

Les obligations contractées au profit ou à la charge
de l'héritier après l'adition et avant la restitution ne
passeront pas au fidéicommissaire. Le fiduciaire a
prêté de l'argent héréditaire et reçu un *pignus* : la
conditio certi ex mutuo et l'action hypothécaire appartiennent à l'héritier, qui n'est pas obligé de s'en
dessaisir au profit du fidéicommissaire. Tout au plus,
si l'obligation avait été contractée antérieurement à
l'adition et qu'un *pignus* ait été ensuite consenti à
l'héritier, celui-ci devrait-il céder l'action née à propos
du *pignus*, car elle ne lui servirait à rien[4]. De même,
si à propos d'une créance héréditaire il a reçu un

1. Gaius, IV, § 112.
2. L. 13 pr. D., *De injuriis*.
3 L. 59 pr., D., *pro socio*. — L. 27, §§ 1, 3, D., eod. tit.
4. L. 73 pr., D., *Ad S.-C. Treb*.

fidéjusseur, après la restitution, l'obligation du fidéjusseur subsistera et l'action passera au bénéficiaire [1].
Cujas et Wissenbach distinguent si l'héritier a reçu le
gage ou le fidéjusseur *proprio ou hereditario nomine*,
dans le second cas seulement les actions passeraient.
Nous aimons mieux dire avec le texte : toutes les fois
que l'obligation accessoire sera venue se greffer sur
une obligation principale antérieure à l'adition, les
actions passent ; toutes les fois que l'héritier a contracté au principal et accessoirement après l'adition,
les actions lui restent. En somme tous les actes passés avec des tiers pendant cette durée sont respectés
et l'héritier reste en face des tiers.

Si, avant la restitution, *l'héritier a payé un créancier
héréditaire*, il réclamera le montant du paiement au
fidéicommissaire, pour le tout si le fidéicommis est
universel, sinon, pour la part du bénéficiaire [2].
Accurse lui accorde pour obtenir la restitution *l'action
negotiorum gestorum*, non pas qu'il ait fait l'affaire du
fidéicommissaire qui n'ayant jamais été obligé n'a pas
pu être libéré, mais parce qu'il a fait celle de l'hérédité qu'il a ainsi enrichie, de sorte qu'en fait le bénéficiaire s'est bien trouvé libéré, sinon au moment
même du paiement, au moins au moment de la restitution.

---

1. L. 21 pr., D., XLVI, I, *De fidej. et mandator*.
2. L. 1, C., *Ad S.-C. Treb*.

Si l'héritier avait obtenu un *pacte de remise*, le bénéficiaire pourrait s'en prévaloir [1]. C'est une nouvelle application de notre règle que les actes passés entre l'héritier et les tiers sont validés par le S.-C. La raison de douter était que le pacte n'engendre qu'une exception. Nous admettrons du reste que si le fiduciaire n'a obtenu la remise que moyennant une prestation, le fidéicommissaire devra lui en tenir compte.

· Les obligations passent *ipso jure*, sans stipulation, à l'héritier, que l'obligation soit contractuelle ou délictuelle, civile, prétorienne ou naturelle, née d'un contrat de bonne foi ou d'un contrat de droit strict, réel ou consensuel.

· Les obligations existant entre l'héritier et le de cujus sont éteintes par CONFUSION, revivront-elles ? Ici encore, devant le peu de netteté des textes et les divergences des interprètes les plus autorisés, il est difficile de se former une opinion. Cependant nous admettrons que l'obligation éteinte par confusion reparaît par l'effet de la restitution ; elle aura toute la force d'une obligation naturelle, avec ses avantages : refus de la *condictio indebiti*, possibilité d'une fidéjussion, d'un constitut, d'une hypothèque, d'une novation ; droit de compenser [2].

1. L. 8, § 1, D., XX, VI, *quibus modis pignus*.
2. L. 44 pr., D., *Ad S.-C. Treb.* — Machelard, *Obligations naturelles*, p. 308.

Il y a plus, cette obligation ne sera pas seulement une obligation naturelle, car les textes font mention d'une *action :* la *petitio fideicommissi ;* enfin nous croyons même qu'on pourrait aller plus loin et que la rigueur des principes n'exclut pas la possibilité d'une action utile, l'action se rapportant à chaque obligation.

Nous avons affaire à un adversaire redoutable, Favre, qui traite ses adversaires avec un profond mépris, qui ne leur ménage pas l'expression de « Isti ![1] »

La question est grave car d'un côté il y a la règle de droit posée par Celsus « in perpetuum enim sublata obligatio restitui non potest [2] », de l'autre, les principes de justice qui veulent que l'héritier ne puisse s'enrichir, ni s'appauvrir par l'exécution du fidéicommis.

Favre présente en première ligne la loi de Papinien à notre titre [3] : « quoniam actio eo confusa per Trebellianum redintegrari non potest. » Il ne peut assez s'étonner que l'on songe à faire revivre une action utile qui n'a jamais existé et n'a jamais été éteinte, puisque le *de cujus* avait une action directe et que la même obligation ne donne pas naissance à deux actions. Reprenant la loi 58, il nous montre qu'elle comporte l'existence d'une *action ex testamento*, qui permettra d'obtenir la valeur de l'obligation et les intérêts

1. Faber : conject. L. XVIII c. xix.
2. Paul, L. 98, § 8, D., *De solut.*
3. L. 58 pr., D., *Ad S.-C. Treb.*

præteriti temporis fixés par l'obligation ou le juge,
puis les intérêts courants depuis la *mora*, et il reprend :
avec une action directe ou utile, on devrait réclamer
tous les intérêts sans pouvoir tenir compte s'il y a eu
mora ou non [1]. Cette action *ex testamento*, le préteur
la donnera : le texte dit *dari*, or une action utile ne se
donne pas : *non datur, sed competit.* Ici, le droit
strict n'accordant aucune action en vertu du contrat,
ni direte, ni utile, ni en vertu du testament puisque
la restitution est faite, et d'ailleurs l'action *ex testamento* ne servant pas à obtenir des choses individuali-
sées, mais à obtenir une universalité, l'hérédité, il est
très juste que le préteur donne une action au fidéicommissaire : « cum actionem competere dicimus,
solam juris potestatem, cum vero dari, judicis potius
aut magistratus factum demonstramus. » Enfin,
ajoute-t-il, la confusion, cause d'extinction de l'obligation, persiste après la restitution, puisque le fiduciaire reste héritier, aussi y a-t-il plutôt une juste
cause d'obligation qu'une obligation proprement dite,
mais cela permet au préteur de créer une action.

Essayons l'argumentation contraire.

La confusion s'est opérée mais ne subsiste plus
aussi entière après la restitution. Tout d'abord, qu'il
existe une *obligation naturelle*, c'est ce que personne
ne conteste, d'autant plus qu'en droit romain la con-

---

1. L. 87, § 1, D., *De leg.*, 2°. — L. 47. D . *De neg. gest.*

fusion dispense plutôt le débiteur de payer qu'elle n'é-
teint l'obligation [1]. C'est à propos de cette idée que la
fameuse loi 59 [2] qui a tant occupé les interprètes,
Cujas, Favre, Machelard, décide que le *pignus*, garantie accessoire, persiste après la restitution, après la
confusion, parce qu'il subsiste une obligation naturelle. C'est dans ce sens qu'elle est généralement in-
terprétée aujourd'hui (Machelard, Accarias, Maynz).
Ce texte fait également mention de la validité du paiement, de sorte que le fiduciaire qui aurait payé par
erreur ne pourrait pas répéter. Un autre texte très formel permet la compensation dans notre hypothèse [3] :
le retard de restituer peut être bien fondé de la part
du fidéicommissaire, s'il aime mieux retenir ce que
lui devait le défunt que d'en poursuivre le paiement.
Aussi Machelard ne fait-il aucune difficulté d'admettre la possibilité d'une fidéjussion, d'un constitut,
d'une hypothèque, d'une novation ; la compensation
en effet avait le caractère d'une action chez les Romains [4], était accordée bien plus difficilement que
les précédents avantages, et ne s'appliquait pas à toutes les obligations naturelles [5].

Faut-il aller plus loin et dire que les Romains ac-

1. L. 71, pr., D., *De fidej*.
2. L 59, pr., D., *Ad S.-C. Treb*.
3. L. 44, pr., D., *Ad S.-C. Treb*.
4. L. 15, D., *Rotam. rem*.
5. Machelard, *Oblig. naturelles*, 2ᵉ partie, p. 308 et 90.

cordaient *une action* au fidéicommissaire ? Cela ne
semble pas douteux. Marcellus, dans la même loi 44,
suppose que le fiduciaire pouvait agir au lieu de compenser et ce n'est pas la seule loi qui parle ainsi : La
loi 27 [1] nous dit qu'il est nécessaire, en cas de confusion, de donner une action au fidéicommissaire.
C'est cette loi, non moins formelle dans notre opinion
que la loi 58 dans l'opinion de Favre, qui sert de base
aux raisonnements de Paulus Castrensis, Alexander,
etc., Accurse entre autres. Papinien lui-même, dans
la loi 58, après avoir dit qu'aucune action ne peut renaître, suppose une *petitio*. Enfin l'avant-dernière loi
dit expressément qu'il y aura lieu dans notre hypothèse à une *repetitio fideicommissi* [2]. Machelard donne
de l'existence de cette action une ingénieuse explication : celui qui pouvait compenser et n'avait pas usé
de cette faculté était fondé à exercer la *condictio in-*
debiti [3]. C'est la position du fiduciaire qui a trop restitué parce qu'il n'a pas défalqué ce qui lui était dû ;
mais l'explication est moins satisfaisante quand le fiduciaire ne restitue pas assez.

Faut-il maintenant combattre l'opinion de Favre et
prétendre que les *actions utiles* pouvaient être accordées au fidéicommissaire et contre lui ? Que les Ro-

---

1. L. 27, § 11, D., *Ad S.-C. Treb.* — Accurse : glosps utiles
2 L. 80, D., *Ad S.-C. Treb.*
3. 10, § 1, D., *De comp.* — 39, D., *De condict. ind.*

mains l'aient fait, cela est au moins douteux, car nous ne trouvons aucun texte décisif, mais qu'ils aient pu le faire et que les principes du droit ne s'y soient pas opposé, nous le croyons. On ne disconvient pas que l'action ne soit *confusa et amissa* par l'effet de l'adition [1], mais on soutient que, par des raisons d'équité et de pratique, elle revivait comme action utile : c'était l'avis des glossateurs et de nos anciens interprètes. La loi 27, § 11, nous dit en effet « necessarium est actionem adversus eum fideicommissario dari ». Quant à la loi 58 pr., sur laquelle Favre bâtit sa théorie, elle nous dit sans doute que l'action directe une fois éteinte par confusion ne peut pas revivre en vertu du S.-C., mais qu'une fois la restitution opérée, l'obligation survit. Or, le S.-C. accorde une action utile. Cette action utile, dit Favre, le *de cujus* ne l'a jamais eue, elle ne peut donc exister ici, appartenir au fidéicommissaire. Mais d'après le Trébellien toutes les actions accordées au bénéficiaire sont des actions utiles et jamais le défunt ne les a eues. Nous pouvons remarquer encore avec Doneau que l'esprit du S.-C. est de transmettre au fidéicommissaire tous les *commoda* et *incommoda* de l'hérédité tels qu'ils existaient au moment de la mort du défunt. Quant aux intérêts, nous ne croyons pas l'objection de Favre bien grave :

1. L. 83, § aditione, D., *Ad S.-C. Treb.* — L. 7, C., *De pactis.* — L. 95, § 2, D., *De solut.*

quand l'obligation de l'héritier donnait lieu à une action de bonne foi, les intérêts étaient fixés *ex bono et
æquo*, d'après les règles de l'équité [1], étaient dus à
partir de la *mora* [2]. Si au contraire il s'agissait d'une
action de droit strict, pour ne pas encourir la *plus
petitio*, le fidéicommissaire aurait eu bien soin de faire
insérer une *præcriptio* dans la formule.

Par conséquent, lorsque dans loi 80 Claudius accorde la *repetitio fideicommissi*, en reconnaissant que
l'obligation a été éteinte, cela signifie, non que l'héritier réclame le fidéicommis, car on ne le lui a pas laissé
et il ne peut pas le réclamer, mais bien que par l'effet
du S. C. il y aura une action accordée au bénéficiaire
« quæ beneficio fideicommissarii competit ex senatus-
consulto. » Cette action, l'héritier puis le fidéicommissaire l'auraient eue, si le débiteur avait été un tiers.
L'héritier étant lui-même débiteur ne pouvait agir
contre lui-même, mais le bénéficiaire l'exercera à
titre d'action utile. Le S.-C. Trébellien parle en effet
des actions qui « dari solent » peuvent être données
au fiduciaire : de ce nombre serait l'action en question si le débiteur était un tiers.

§ 3. — *Des actions.*

En étudiant les choses corporelles et les droits,
nous avons vu incidemment les actions qui étaient

---

1. L. 7, D., *De neg. gest.*
2. L. 32, § 2, D., *De usuris.* — L. 24. D., XVI, III. Depositi.

données au fidéicommissaire, mais elles méritent une étude à part, à cause de leur importance. Nous ne faisons qu'imiter en cela Justinien qui parle des *res*, des *jura* et des *actiones*.

Toutes les actions qui appartenaient au de cujus au moment de sa mort et toutes celles qui avaient été acquises à l'hérédité au moment de l'adition passent au fidéicommissaire à titre d'actions utiles. Toutes les actions civiles et prétoriennes sont transmises, il n'y a pas entre elles de différence à notre point de vue [1].

Il faudra que ces actions aient existé pour qu'elles soient transmises, mais du moment qu'elles seront nées, fussent-elles sous condition, quand même leur « dies cedens » ne se serait pas produit au moment de la mort elles passent au fidéicommissaire [2].

Du reste les textes ne distinguent pas : « actiones » ce qui comprend les actions réelles et personnelles; les actions réelles : revendication, actions publicienne, confessoire, négatoire [3]; les actions personnelles de droit strict ou de bonne foi [4]. Ces actions lui passent à titre utile avec leurs garanties, avec leurs modalités. Il devra respecter le terme et la condition; si

1. L. 40, D., *Ad S.-C. Treb.*
2. L. 27, § 7, in fine, D., *Ad. S.-C. Treb.*
3. L. 12, § 1, D., *De public. in rem.*
4. L. 27, § 7. — L. 30, § 3, D., *Ad S.-C. Treb.*

l'action est temporaire, elle le sera pour lui, et le temps pendant lequel elle sera restée sur la tête de l'héritier sera compté dans sa durée [1].

Ces actions passeront au fidéicommissaire pour le tout si la libéralité est universelle ; pour sa part, si elle est à titre universel. Plus spécialement si le grevé meurt laissant plusieurs héritiers qui exécutent le fidéicommis à titre universel ; si le fidéicommissaire meurt laissant plusieurs héritiers qui recueillent le fidéicommis, chacun d'eux aura les actions pour sa part [2]. Si l'héritier à qui une quote part de l'hérédité a été laissée restitue plus qu'il ne devait, les actions ne passent néanmoins au fidéicommissaire que pour la part qui devait lui revenir [3].

Remarquons-le, un legs de choses déterminées ou de somme d'argent laissé au fiduciaire et retenu par lui, n'empêche pas le fidéicommis d'être universel et les actions de passer pour le tout au bénéficiaire. S'il omet de retenir son legs, les actions n'en passeront pas moins pour le tout [4].

Ne seront pas transmises les actions que l'héritier n'a pas pu recevoir, nous les avons vues à propos des obligations.

---

1. L. 70, § 2, D., *Ad S.-C. Treb.*
2. Mæcianus, L. 64, § 2, D.. *Ad S.-C. Treb.*
3. Gaius, L. 63, § 3, D., *Ad S.-C. Treb.*
4. Mæcianus, L. 30, § 3. — Gaius, L. 63, § 3, D., *Ad S.-C. Treb.*

Les Romains faisaient une grande différence entre *la transmissibilité active et la transmissibilité passive.* Le fidéicommissaire recueillera presque toutes les actions qui appartenaient à son auteur, excepté « injuriarum actio, et si qua alia similis inveniatur actio » dit Gaius [1]. M. Accarias, après avoir indiqué le motif de cette non-transmissibilité [2], en montrant qu'elle tient à un intérêt moral plutôt que pécuniaire « magis vindictæ quam pecuniæ habet persecutionem » [3], cite encore la *querela inofficiosi testamenti,* la *condictio ex lege* fondée sur l'ingratitude d'un donataire, l'action pénale donnée au patron et à l'ascendant de l'individu qui a été appelé *in jus* sans l'autorisation du magistrat [4], et pour d'autres raisons que nous avons vues à propos des obligations, l'action qui a pour objet une servitude personnelle, une *adstipulatio,* les actions populaires qui n'incombent à l'héritier qu'en son propre nom, ainsi que l'action *ad exhibendum* ; notons enfin que les héritiers de la femme divorcée et décédée sans avoir mis son mari en demeure, n'ont pas l'action *rei uxoriæ.*

Au point de vue de la transmissibilité passive, les règles sont un peu différentes. Le fiduciaire ne sera pas tenu des actions pénales qui grevaient le *de cujus*

1. Gaius, IV, § 112. — Instit., IV, XII, § 1.
2. No 929.
3. Paul, L. 2, § 4, D., *De collatione.*
4. L. 24, D., *De in jus vocando.*

« veluti furti, vi bonorum raptorum, injuriarum, damni injuriæ » [1], parce que les peines ne doivent frapper que les coupables [2]; les actions *rei perse-quendæ gratia* passent toutes au contraire contre le bénéficiaire, et les actions qui participent au caractère des deux se donnent dans la limite de l'enrichissement du testateur. Il en est de même de l'action de dol et de toutes celles qui en sont dérivées, qu'on appelle souvent pénales « a parte rei tantum », à moins que le dol ne se rapporte à un contrat de bonne foi, auquel cas l'action passe entière contre le fidéicommissaire [4].

Il est bien entendu que, même au cas où l'action ne passe pas, le fidéicommissaire est tenu de l'enrichissement, du profit qu'il a retiré et qu'il doit le restituer [5]. Enfin Gaius, dans le § 113, nous rappelle que l'héritier du *sponsor* et du *fidepromissor* ne sont pas tenus. Toutes les autres actions personnelles passent passivement contre le fidéicommissaire.

Ne se transmettront pas non plus au fidéicommis-

---

1. Gaius, IV, § 112. — Inst. IV, XII, § 1.

2. 111, § 1, D., *De regulis juris*.

3. 23, § 8, D., *Ad legem Aquiliam*.

4. 8, § 1, in fine, D., *De fid. et nominat.* — 152, § 3. — 157, § 2, *De reg. jur.* — L. 4, § 6. — LL. 5, 6, 7, *De alienatione jud.* — L. 7, §§ 2 et 4, *Quod. fals. tut. auct.* — L 9, § 8. — L. 10 et 11, *De rebus auctor. jud. possid.*

5. L. 35, pr., D., *De oblig. et action.* — L. 38, 44, D., *De reg. jur.*

saire certaines actions qui, bien que transmissibles,
restent à l'héritier, comme continuateur de la personne du défunt plutôt que comme héritier [1]. De ce
nombre seront l'*actio operarum,* et celles qui naîtront
des *jura sepulcri.* A l'inverse, quand l'héritier sera
actionné à l'occasion de ces mêmes droits, le fidéicommissaire en sera indemne, par exemple si l'héritier « de peculio conveniatur [2] ».

Toutes les actions que nous venons d'indiquer
comme n'étant pas transmissibles au fidéicommissaire le seront cependant dans un cas, celui où *le
droit aura été déduit en justice.* Il est vrai qu'alors ce
ne sont plus ces actions elles-mêmes qui sont inten-
tées ; elles sont éteintes par la *litis contestatio* et
transformées en une créance d'argent, résultant de la
condamnation, et exigible par l'*actio judicati.* Nous
en dirons autant des actions transmissibles d'habitude [3]. Après la *litis contestatio,* l'action n'existe plus
dans le patrimoine du défunt ni activement, ni passivement, il n'y a qu'une créance ou une dette.

Il nous reste à nous occuper des actions nées sur la
tête de l'héritier dans l'intervalle qui subsiste entre
l'adition et la restitution. La jurisprudence romaine

---

1. L. 55, pr., D., *Ad S.-C. Treb.* — Ce que nous disons n'est vrai que
si le fidéicommissaire est un « extraneus »

2. L. 1, § 8, D., XV, II.

3. L. 57, D., *De jud. et ubi quis.* — L. 35, D., *De nox. act.* — L. 3,
§ 11, D., *De peculio.*

7

était-elle bien fixée, cela semble douteux quand on voit les textes, cependant nous admettrons que ces actions ne passent pas au fidéicommissaire. La loi 66 [1] est bien formelle en ce sens : Un tiers a blessé un esclave et de ce chef est né sur la tête de l'héritier l'action de la loi Aquilie ; elle ne passe pas au fidéicommissaire, car ne passent que les actions qui « ex bonis defuncti pendent ». Doneau, qui commente cette loi [2], montre que le dommage se place bien entre l'adition et la restitution puisque l'action compète à l'héritier et non à l'hérédité jacente, et qu'elle ne provient pas des biens du défunt puisqu'elle n'a été acquise qu'après l'adition. Si Paul emploie le mot *servus hereditarius*, il veut dire : esclave ayant appartenu à l'hérédité autrefois, comme on le trouve dans plusieurs textes [3]. Ce point bien établi, il semble bien que la loi soit formelle et ne laisse place à aucun doute. L'opinion de Mæcianus vient se joindre à celle de Paul, toute aussi nette, ferme : « L'action ne passe pas au fidéicommissaire [4] ».

Dans le même sens encore nous voyons que si l'héritier exécute le fidéicommis au moment où il est poursuivi à l'occasion d'une chose héréditaire et avant

1. Paul, L. 66, § 2, D., *Ad S.-C. Treb.*
2. Liv. VII, C. XXV, n° XVII.
3. L. 27, § 1. — L. 63, § 4. — L. 70, § 1, D., *Ad S.-C. Treb.* — L. 1, § 16, D., *De adq. poss.*
4. Mæcianus, 73, pr., D., *Ad S.-C. Treb.*

le jugement, ce sera lui néanmoins qui sera condamné et sur lui que l'on exécutera le jugement, même après la restitution [1].

Contre notre opinion nous trouvons une loi d'Africain qui nous dit que lorsque l'héritier a reçu un fidéjusseur et qu'il restitue ensuite, l'obligation de ce fidéjusseur subsiste ; et qu'il en est de même du cas où un fils émancipé arrive à la succession par une *bonorum possessio* et que dans ces deux cas « les actions passent » [2], et un texte de Paul qui nous dit que par la restitution le fiduciaire a transféré au fidéicommissaire l'action *de pecuniâ constitutâ* qu'il avait acquise [3].

Pour expliquer ces deux textes on peut dire que dans ce cas il s'agit de cession de l'action par le fidéicommissaire ou de translation de l'action par un décret du préteur : c'est l'opinion de Pothier [4]. Cujas et Wissenbach au contraire, nous l'avons vu pour les obligations, pensaient que dans ces deux cas l'héritier avait contracté *hereditario nomine*. On pourrait croire aussi, surtout pour le premier texte, celui d'Africain, qu'il s'agissait d'obligation accessoire, intervenue pour renforcer une obligation primitive du de cujus, cas auquel, nous dit Mæcianus (loc. citée) « dubitatio remanebit ».

1. Sævola, L. 78; § 15, D., *Ad S.-C. Treb.*
2. Africain, L. 24, pr., D., *De fidejuss. et mandator.*
3. Paul, L. 22, D., *De pecuniâ constitutâ.*
4. Pothier, XXXVI, 1.

Les actions qui étaient transmises au fidéicommissaire l'étaient sans subir aucune modification, aucune novation; elles lui arrivaient avec leurs garanties réelles ou personnelles: gage, hypothèque ou fidéjussion, mais seulement à titre d'actions utiles et sans les privilèges propres à l'héritier [1] : par exemple le droit pour le fiduciaire *Legatus* de ne pas être actionné à Rome.

Nous avons déjà indiqué la raison pour laquelle le S.-C. n'avait pas donné les actions directes au bénéficiaire. Les actions utiles ex Trebelliano avaient leur fondement dans le *jus civile:* c'est un cas assez rare, car d'habitude l'action utile était une création du préteur, à l'occasion d'espèces non prévues par l'Édit, mais s'en rapprochant beaucoup.

C'était du reste le préteur qui indiquait dans son édit la formule qu'il accordait au fidéicommissaire ou contre lui. On pouvait accorder une formule fictice comme on le faisait pour le *bonorum possessor : formula Rutiliana*, ou pour le *bonorum emptor* « formula Serviana ».

« Judex esto : *si paret hereditatem Titii ex senatusconsulto A° A° restitutam esse*, nisi N^s N^s A° A° rem arbitratu tuo restituat, quanti ea res est tantam pecuniam N^m N^m A° A° c. s. n. p. a. »

---

1. Paul, L. 66, § 3, D., *Ad S.-C. Treb.*
2 Jousseraudot, II, p. 147, éd. 1883.

La formule avec transposition de personnes était aussi employée. Cette manière de voir ressort du texte de Théophile : prætor... utiles actiones... ut actor diceret quasi ea res esset, si paret hunc dare oportere [1]. »

« Judex esto : Quod N[s] N[s] *Lucio Titio* decem medimnos tritici vendiderit, quâ de re agitur, quidquid ob eam rem N[m] N[m] Titio Lucio dare facere oportet, ex fide bonâ, ejus N[m] N[m] $A°$ $A°$ c. s. n. p. a. »

« Judex esto. Si paret rem hereditariam, d. q. a., ex jure Quiritium *Lucii Titii* esse, neque ea res arbitratu tuo $A°$ $A°$ restituetur, quanti ea res est, tantam pecuniam judex N[m] N[m] $A°$ $A°$ c. s. n. p. a. »

« Judex esto. Si paret N[m] N[m] *Lucio Titio* H S decem millia dare oportere, Judex N[m] N[m] $A°$ $A°$ H S decem millia c. s. n. p. a. »

« Judex esto. Si paret *Lucium Titium* N° N° H S decem millia dare oportere, Judex A[m] A[m] N° N° c. s. n. p. a. [2] »

La formule *in factum* devait être peu employée, le préteur s'en servait surtout là où les autres moyens lui manquaient.

Enfin on devait également employer les *præscriptiones*, et elles semblaient indiquées quand l'action héréditaire était déjà prétorienne fictice, ou avec

---

1. Théophile, II, XXII, § 4, trad. Reitz, p. 493-494. — Gaius, § 253.

2. Jousseraudot, *Edit perpétuel*, édit. 1883, p. 186-187.

transposition de personnes, ou in factum [1], et se serait prêtée difficilement à une seconde fiction [2].

Elles devaient être employées en particulier lorsque le préteur ne voulait pas rechercher et distinguer dans une action donnée si le fidéicommissaire avait bien reçu la restitution ex Trebelliano, et renvoyait au juge l'étude de ce fait, comme celle de l'affaire. L'action pouvait être *certa* ou *incerta*, le bénéficiaire demandeur ou défendeur. La *præscriptio* aurait pu être conçue ainsi :

Ea res agatur, quod Lucius Titius, cujus hereditas A° A° restituta est ex Trebelliano, decem N° N° numeravit, etc. [3].

Ces questions n'ont plus d'intérêt après la suppression du système formulaire, sous Dioclétien et Maximien [4].

Après Justinien la procédure est toujours *extra ordinem*; la *litis contestatio* est remplacée par le moment où les plaideurs formulent leurs prétentions récipro-

---

1. Aussi on ne trouve pas d'exemple d'action fictice conçue in factum.

2. Voir Keller, *Traité des actions*.

3. Gaius, II, § 258. — Ulpien, XXV, § 16. — Paul, L. 28, § 1, D., *De judiciis*. — Paul, L. 22, D., *De pecuniá constitutá*. — Ulpien, L. 1, § 2. — Julien, L. 27, § 7. — Ulpien, L. 35, 37, § 1. — Paul, L. 40, pr. — Papinien, 49, pr. — Gaius, L. 63, § 9 et suiv. — Paul, L. 66, § 3. — Pomponius, 70, pr., §§ 1, 2, D., *Ad S.-C. Treb.*

4. L. 2, C., *De pedaneis judicibus.*

ques[1]. Les actions ne sont plus données *utiliter*[2]; l'exception devient un moyen de défense directe.

Les exceptions qui appartenaient au testateur ou ont été acquises à l'hérédité serviront au fidéicommissaire, elles passent comme les actions.

§ 4. — *Charge des legs et fidéicommis.*

Comme les actions, les legs et fidéicommis, universels ou particuliers, passent à la charge du fidéicommissaire : pour le tout si le fidéicommis est universel, pour partie s'il est à titre universel. La règle est posée dans la loi 1 § 2 en cas d'adition volontaire, dans la loi 2 en cas d'adition forcée.

Le fidéicommissaire devra aux gratifiés tout ce qu'aurait dû l'héritier lui-même. Ce dernier avait-il droit à une quarte, le fidéicommissaire pourra en retenir une[3] ; la falcidie lui est accordée comme à l'héritier et dans les mêmes limites[4], et il en serait ainsi même au cas où l'adition aurait été forcée. Nous n'en dirions pas autant, si l'héritier n'avait pas retenu la part à laquelle il avait droit ; le fidéicommissaire ne pourra rien retenir aux légataires ou seconds bénéfi-

1. Keller, *Actions*, p. 378, 379. — L. 1, C., *De litis contestatione.*
2. Instit., § 7.
3. L. 3, pr., D., *Ad S.-C. Treb.*
4. L. 63, § 11, D., *Ad S.-C. Treb.*

ciaires, à moins que l'héritier n'ait voulu lui faire une donation[1].

Si l'héritier est chargé de restituer l'hérédité sous la déduction d'une *chose déterminée ou d'une somme d'argent*, la charge des legs passe entière au fidéicommissaire[2].

Si cependant les libéralités du testateur dépassent le bénéfice du fidéicommissaire, la charge de ces libéralités ne passe contre lui que jusqu'à concurrence du montant du fidéicommis, et pour le reste contre l'héritier qui a recueilli une part de la succession, c'est une décision fort juste car personne ne doit être mis en perte à cause des legs mis à sa charge, ni ne doit en payer pour une valeur supérieure à celle qu'il a reçue[3].

Sous Justinien les mêmes règles persistent ; cela est dit expressément pour les legs dans la constitution de l'empereur Philippe, pour les fidéicommis dans celle de Justinien, et de la façon la plus générale, que l'objet de ces fidéicommis soit un corps certain ou de l'argent, ou même « pecunia »[4].

1. L. 1, § 19, D., *Ad S.-C. Treb.*
2. 1, § 21, D., *Ad S.-C. Treb.*
3. L. § 17, D., *Ad S.-C. Treb.*
4. 2, C., VI, XLIX. — 8, C., VI, XLIX.

CHAPITRE III

Après la restitution, l'héritier conserve sa qualité d'héritier, mais seulement la qualité, le « nomen heredis » si le fidéicommis est universel, sans aucun des avantages ou des inconvénients qui y sont attachés. Seuls les effets antérieurement produits peuvent subsister, comme nous l'avons vu. Si le fidéicommis est à titre universel, le fiduciaire garde sa vocation héréditaire pour la part qui lui est laissée.

Le fidéicommissaire universel est *loco heredis*, assimilable à un héritier ; il est propriétaire *jure prætorio* des biens du défunt, ayant des actions utiles pour exercer ses créances. L'effet de la restitution se produit sur tous les éléments de l'hérédité ; objets corporels, droits réels, droits personnels deviennent *utilitatis causâ* biens et droits du fidéicommissaire.

Le FIDUCIAIRE, s'il reste étranger à l'hérédité, tout en conservant le « nomen heredis » « subtilitatis jure », a pour se défendre *l'exception restitutæ hereditatis*, et ne peut attaquer les créanciers de la succession car il serait repoussé par la même exception. — Obtient-il une quote part de l'hérédité, *ipso jure* il est propriétaire de sa part de créances ; les biens héréditaires restent dans l'indivision, et il a *l'action familiæ erciscundæ* contre le fidéicommissaire pour l'obliger à un partage. Contre les tiers, en dehors de sa part des actions héréditaires, il a la *petitio hereditatis*.

Le FIDÉICOMMISSAIRE, s'il est « heredis loco » pour le tout, a seul l'exercice utile des actions de l'hérédité et les actions qui la font respecter, savoir la *petitio hereditatis fideicommissaria* contre les tiers, et contre l'héritier une *persecutio extra ordinem, actio personalis ex testamento*, pour arriver à une remise effective des biens. Est-il *loco heredis* pour une quote-part, contre les tiers il a la même action pour cette part ; contre le fiduciaire il a *l'action familiæ erciscundæ*.

Après Justinien, les *actions* sont données au fidéicommissaire, mais non plus utilement ; contre le fiduciaire *l'exceptio restitutæ hereditatis* est un moyen de défense au fond.

Nous avons vu qu'après la restitution, les aliénations, droits réels, consentis par le fiduciaire, étaient respectés, ainsi que les contrats qu'il avait passés avec les tiers. Au contraire, les effets de la confusion cessaient en général et laissaient revivre les obligations, non seulement à l'état d'obligations naturelles, mais avec une action. Nous expliquons, ou nous essayons d'expliquer cette différence, en montrant combien *les droits des tiers étaient respectables* en pareille matière, car le fiduciaire, héritier d'après le droit civil, pouvait à leur égard passer pour l'héritier effectif. Au contraire l'effet de l'adition se produisant entre les intéressés, l'esprit du S.-C. étant de mettre le fiduciaire hors de l'hérédité effective, il devait admettre facilement la restitution des obligations ou droits éteints lors de l'adition, et cela, d'autant plus facilement que l'on hésitait sur le point de savoir si l'on ne pouvait pas se passer de l'adition du fiduciaire et la tenir pour accomplie, *utilatatis causâ*, fictivement, ce qui prévalut au moins sous Justinien[1] ; même au temps de Paul il y a des raisons de douter[2]. On arrivait donc à se passer de l'adition et à en considérer les effets comme non avenus.

Après la restitution, *les règles du droit strict*, « nemo pro parte testatus pro parte intestatus potest decedere » et « qui semel heres est, semper heres manet » sont bien respectées en apparence, mais, en réalité, il est évident que l'on peut laisser un héritier testamentaire, pour partie et surtout pour un temps : sera héritier testamentaire pour partie le fidéicommissaire qui vien-

1. 7, § 1, C., *Ad S.-C. Treb.*
2. Paul, *Sent.*, IV, IV, 3.

dra en concours avec un héritier *ab intestat* ; le fidéico-
missaire institué *ex semisse* recueillera la moitié de l'hérédité, tandis que « si unum tantum quis ex semisse
heredem scripserit, totùs æs in semisse erit ; neque
enim idem ex parte testatus, et ex parte intestatus
decedere potest » [1]. Le testateur laissera un héritier
pour un temps, s'il institue un fidéicommissaire *a die
vel ad diem*. L'héritier ne gardera qu'un temps la succession du testateur.

Cautions. — *L'héritier* n'est tenu d'aucune garantie à l'occasion des biens qu'il transmet au bénéficiaire, il les donne tels qu'il les a reçues du défunt :
cum suâ causâ. Si ce sont des *res alienæ* que le défunt
était en voie d'usucaper, l'héritier continuera l'usucapion, même s'il est de mauvaise foi ; le fidéicommissaire fera de même. La possession du défunt et
celle de l'héritier se joindront à la sienne, et comme
eux il aura droit aux interdits ; mais si le vrai propriétaire vient à revendiquer sa chose, l'éviction aura
lieu au préjudice du fidéicommissaire ; c'est ce que
nous pouvons conclure d'un texte de Mæcianus, qui
nous dit que l'héritier est dispensé de fournir caution
de l'éviction des *prædiorum, vel mancipiorum, vel
cæterarum rerum* [2]. Il y aura des cas cependant où
cette caution eût été utile, par exemple si l'héritier a

1. § 5, Instit., *De hered. instit*.
2. Mæcianus, L. 69, D, *Ad S.-C. Treb*

mancipé une chose héréditaire pendant son administration, le *dominus* la revendiquera contre le fidéicommissaire.

Le *fidéicommissaire* devra fournir caution dans plusieurs cas : si l'héritier à des *déductions* à faire au moment de la restitution : soit par l'ordre du défunt, soit
par suite des impenses de son administration, et que
l'état de la succession à ce moment ne lui permette
pas de les exercer, le fidéicommissaire devra lui
fournir caution, pour l'obliger à opérer la restitution [1].

Si l'héritier a *vendu des choses héréditaires*, toujours
par suite de la volonté du testateur ou des nécessités
de son administration, l'héritier devra lui fournir caution pour le cas d'éviction. Il faut supposer que l'hérédité contenait des *res alienæ* et que l'héritier a précisément vendu une de ces choses : l'acheteur évincé
par le vrai propriétaire se retourne contre le vendeur
par l'action en garantie : d'où préjudice pour le fiduciaire et utilité de la caution [3].

La caution pouvait encore être nécessaire dans
d'autres cas : quand un testateur a donné comme
prælegatum à l'héritier un fonds qu'il avait livré en
gage ; le créancier pouvait évincer l'héritier et faire
vendre le gage ; aussi le fidéicommissaire devait donner caution dans cette éventualité. Julien pensait que

1. Paul, 36, D., *Ad S.-C. Treb.*
2 Mæcianus, 69, D., *Ad S.-C. Treb.*

dans notre hypothèse, il n'y avait pas lieu de fournir caution : il voulait que l'on estimât ce que valait le gage au cas où l'héritier aurait voulu le vendre ; cette valeur devait dépendre de la solvabilité de l'héritier. Était-elle égale à la quarte, il y avait lieu à restitution ex Trebelliano, sinon l'héritier complétait la quarte et restituait ex Pegasiano sans recevoir de caution dans les deux cas [1].

Nous avons dit que le fiduciaire restant héritier pour partie, avait après la restitution la PETITIO HEREDITATIS pour sa part. Le fidéicommissaire universel ou à titre universel avait également la *petitio hereditatis utile, appelée fidéicommissaire.* Un titre lui est consacré au Digeste : V, VI. Étant demandeur il devait prouver sa qualité de fidéicommissaire ex Trebelliano et la lésion. La formule était ainsi conçue :

Judex esto. Si paret hereditatem Titii ex senatusconsulto A° A° restitutam esse, nisi N^s N^s A° A° rem arbitratu tuo restitutat, quanti ea res est, tantam pecuniam N^m N^m A° A° c. s. n. p. a. [2].

Par cette action qui est une vindicatio le fidéicommissaire pouvait *attaquer tous ceux qui lésaient ses droits d'héritier utile ;* les successeurs civils et prétoriens du fidéicommissaire pouvaient aussi l'invoquer [3],

---

1. Ulpien, L. 1, § 16, D., *Ad S.-C. Treb.*
2. Jousseraudot, l'*Edit perpétuel,* 1883, I, p. 147.
3. L. 3, pr., D, *De fid. her. pet.*

« heres, bonorum possessores vel alius successor »
dit Ulpien.

Le premier avantage de cette action était le suivant : le défendeur en possession devait garantir la
restitution de la chose litigieuse pour le cas où il suc-
comberait dans l'instance. Si le défendeur refusait
de fournir caution, le demandeur obtenait l'envoi en
possession au moyen de l'interdit « quam hereditatem » ainsi conçu « quam hereditatem ille a te petit,
si rem nolis defendere, illi restituas » [1].

L'action pouvait être intentée : 1° Contre toute personne qui possédait un droit ou une chose héréditaire
pro herede ou pro possessore [2] : possède *pro herede*
celui qui détient une chose en se donnant la qualité
d'héritier ; possède *pro possessore* le *prædo*, qui lorsqu'on l'interroge répond : *possideo quia possideo* [3] ;
2° Contre celui « qui liti se obtulit », le *fictus possessor* qui s'est méchamment offert au procès, par exemple pour donner au vrai possesseur le temps d'usucaper [4]. Dans ce cas l'action devient personnelle, aussi
l'appelle-t-on parfois mixte ; 3° Contre la personne
qui, quoique ne possédant rien de la succession, se
trouve enrichie pour avoir aliéné des choses hérédi-

---

1. Ulpiani fragmentum vindobonense, p. 261.
2. 9, 10, pr., D., *De her. petit.*
3. Ulpien, 11, pr., § 1, 12, D., *De her pet.*
4. Ulpien, 13, § 13. — Celse, 45, D., *De her. pet.*

taires, touché des créances, acquis des actions, etc. [1] ;
4° Enfin contre celui qui « dolo desiit possidere » ou
« dolo fecit quominus possideret » [2]. Ces deux dernières classes de personnes furent atteintes par extension de l'action en vertu du S.-C. Juventien, rendu
sous Adrien [3].

Par cette petitio on peut demander : 1° Toutes les
choses héréditaires comprises dans la succession, *res
corporales, jura,* tant celles dont le défunt était propriétaire que celles qu'il détenait à titre de prêt, gage,
dépôt, etc. [4]; 2° Tous les *incrementa :* fruits, part des
esclaves, acquisition des esclaves, les actions, interdits, etc. [5].

Le juge statue sur les condamnations accessoires,
en distinguant le possesseur de bonne foi du possesseur de mauvaise foi (auquel est assimilé celui qui
s'est présenté méchamment au procès), d'après le
S.-C. Juventien [6]. Dans le second cas c'est l'héritier,
qui, par serment, déclare le montant de l'intérêt qu'il
avait à ne pas être privé des choses litigieuses [7].

1. Ulpien, 20, pr. — Gaius, 41, D., *De her. pet.*

2. Paul, 131. — Ulpien, 157, § 1, D., *De reg. jur.*

3. Ulpien, 20, § 6, D., *De her. pet.*

4. Ulpien, 18, § 2. — Paul, 19, pr., § 2, D., *De her. pet.*

5. Paul, 19, § 3, 32, 40, § 2. — Ulpien, 20, § 3, 37. — Africain, 56,
D., *De her. pet.*

6. Paul, 33, § 4. — Ulpien, 25, §§ 2, 4, 7, 11, 16. — 20, § 6, D., *De
her. pet.*

7. Ulpien, 20, §§ 3, 21, D., *De her. pet.*

Le défendeur pourra, quand il y aura lieu, opérer des retenues et y arriver sans faire insérer une exception dans la formule [1] « nec exceptio doli mali desideratur ».

Cette action ne se donne pas contre l'héritier qui a restitué [2]. *Contre l'héritier à qui aucune part d'hérédité n'est laissée*, le fidéicommissaire à *l'action personalis ex testamento* pour arriver à la remise effective de l'hérédité, c'est une action de bonne foi.

Contre le fiduciaire qui garde une part d'hérédité et ses cofidéicommissaires, il a *l'action familiæ erciscundæ*, action personnelle, de bonne foi, qui a pour but de mettre fin à l'indivision [3].

Les *nomina hereditaria*, divisés de plein droit, ne seront pas compris dans le partage, à moins qu'il n'y ait d'autres biens et que les cohéritiers veuillent répartir inégalement les créances [4], mais on ne pourra nuire aux droits des créanciers et débiteurs qui conserveront la possibilité d'agir contre chacun des copartageants ou de payer à chacun d'eux au prorata de leurs parts respectives. Les copartageants se donnent caution mutuellement pour assurer l'exécution des obligations, surtout quand ils sont tenus *in soli-*

1. 39, § 1, 38, *De her. pet.*
2. Ulpien, 3, § 1, D., *De fid. her. pet.*
3. Gaius, 1, § 1, D., *fam ercisc.*
4. Gaius, 3, D. — Ulpien, 2, § 5, D., *fam. ercisc.*

dum [1]. A défaut de promesse le recours s'exerce par l'action *præscriptis verbis*.

Du reste l'action a trait à tous les biens dont le défunt avait la propriété, aux fonds provinciaux, aux choses possédées à titre de gage, emphythéose, superficie, etc. [2].

L'adjudication, cette partie de la formule qui se trouve dans toutes les actions en partage, est attributive et non déclarative de propriété [1], et les droits réels qui grevaient les biens au moment du partage passent avec les biens à l'héritier qui les obtient [3].

Cette action ne s'intente pas plusieurs fois : s'il y a lieu à un supplément de partage, il s'obtiendra par *l'action communi dividundo* [4].

Sous Justinien, le fidéicommissaire avait un droit réel, on pouvait dès la restitution le considérer comme pleinement propriétaire de l'hérédité ou de la partie d'hérédité comprise dans son fidéicommis.

---

1. Paul, 25, § 21, § 13, *fam. ercisc.*
2. Paul, 9. — Ulpien, 10. — Paul, 29, D., *fam. ercisc.*
3. Ulpien, 6, § 8, § 1, P., *Com. divid.*
4. Ulpien, 20, § 4, D., *fam. ercisc.*

TABLE DES MATIÈRES

Du sénatus-consulte Trébellien

PREMIÈRE PARTIE

HISTORIQUE ET GÉNÉRALITÉS

DEUXIÈME PARTIE

CONDITIONS REQUISES POUR QU'IL Y AIT LIEU A UNE RESTITUTION EX S.-C. TREBELLIANO

TROISIÈME PARTIE

DE LA RESTITUTION EX TREBELLIANO

DE LA

REPRÉSENTATION PROPORTIONNELLE

HISTORIQUE.

La *proportionnalité* dans la représentation n'a été
l'objet de discussions et de décisions législatives que
depuis un petit nombre d'années. Ce fait n'a rien
d'étonnant, la représentation elle-même étant, en matière politique, d'origine relativement récente : ceux
des Grecs, des Romains ou des Germains qui jouis-
saient des droits politiques, prenaient part en personne aux délibérations et aux décisions.

Ce *gouvernement direct*, possible dans une cité, une
tribu, un état peu étendu, où les citoyens en petit
nombre, pouvaient se réunir sur la place publique,
discuter et décider, était impraticable dans les États
composés de vastes territoires, peuplés de millions
d'individus : comment convoquer tous les citoyens,
comment obtenir leur présence, et d'autre part où

trouver un champ de mai assez vaste pour les contenir tous, une voix assez puissante et assez autorisée
pour s'y faire entendre, quelle délibération obtenir au
milieu d'une si nombreuse assemblée? Quand l'empire romain comprit toute l'Italie, le pouvoir passa
presque complètement des comices aux mains du
Sénat, puis de l'empereur, et pendant des siècles,
dans les nations, le principe de la souveraineté populaire a été dominé par l'idée monarchique ou féo-
dale [1].

Aux XIIIᵉ et XIVᵉ siècles, il reparut, mais sous
une forme nouvelle : conseil commun d'Angleterre
(Charte du roi Jean, 1215, art. 16), États généraux de

---

1. A Lacédémone, la puissance des rois était limitée par les épho-
res, qui étaient nommés à l'origine par les rois, plus tard par le
peuple.

A Athènes le peuple faisait les lois, nommait des magistrats, leur
faisait rendre des comptes, les jugeait; il nommait parfois des ambas-
sadeurs.

A Rome, les tribuns avaient jusqu'à un certain point une mission représentative : ils étaient les organes des plébéiens. Les citoyens exer-
çaient directement le pouvoir législatif; ils nommaient également les
magistrats.

Chez les Germains, il y avait des placita, assemblées des citoyens,
mais ils semblent avoir ignoré la représentation.

Sous les Mérovingiens et les Carolingiens, on admet aussi en général l'existence d'assemblées populaires, mais jusqu'aux États Généraux, il n'y eut guère de représentation.

Voir Benjamin Constant, p. 98, 101, 540, 547, 548.

Campagnole : *Des Comices*, p. 159.

Flandin (1877).

France (1302, etc.). Ce sont des représentants, députés, délégués, mandataires politiques, qui composent le corps représentatif.

De cette époque jusqu'à nos jours, nous voyons la représentation subir de nombreuses transformations.

Le corps représentatif, assemblée nationale, parlement, conseil législatif, chambre des députés, des délégués, a des pouvoirs peu étendus à l'origine, une autorité purement morale sur un monarque absolu ; de nos jours, il a obtenu ou tend à obtenir le droit de *Contrôle suprême* sur toutes les branches du gouvernement.

Les *électeurs,* d'abord en nombre restreint, très inégaux en droits politiques, ont augmenté en nombre : les conditions de l'électorat ont été élargies ; en France le cens a été supprimé. Les pays où il existe encore, l'Italie et la Belgique par exemple [1], l'abaissent peu à peu ; enfin, le suffrage de restreint devient universel [2].

Le caractère même de la représentation s'est modifié. Elle était *locale* autrefois [3] : chaque comté, chaque ville, bourg, abbaye, corporation, académie avait

1. En Espagne, le cens supprimé en 1870 a été rétabli en 1876.

2. On appelle suffrage universel le suffrage de tous les hommes majeurs ; les femmes, les mineurs en sont encore exclus. Il existe dans l'Amérique du Nord depuis des siècles, en Suisse depuis 1830, en France dès 1848, en Allemagne à partir de 1867 et 1871, en Espagne quelque temps en 1870.

3. Indépendamment de son caractère local, la représentation en avait un autre : les élus étaient ceux d'une classe, du clergé, de la

ses délégués, chargés de faire valoir ses intérêts particuliers. Une modification, lente, visible dans chacune
de ses transformations pour l'Angleterre (1832, 1837,
1885), brusque au contraire en France, a changé cet
état de choses, ne le laissant subsister après 1789 que
dans la constitution de 1791 qui tenait compte de l'élément territorial : ce sont maintenant les électeurs que
l'on représente, et par une fiction légale le député est
l'élu du pays tout entier, et non plus celui d'un arrondissement ou d'un département. Les États confédérés
nous donnent encore un exemple de la représentation
locale. Ainsi, les États-Unis ont un Sénat dont deux
membres représentent chaque État, et une chambre
des représentants dont les élus, qui sont ceux de la nation entière, sont nommés par les électeurs de chaque
État et répartis entre ces États proportionnellement
au chiffre d'électeurs de chacun d'eux.

Il est admis en France que le *suffrage est universel,*
que « *le principe de toute souveraineté réside essentiel-
lement dans la nation* », enfin, que *le Parlement dans
les limites de la constitution, exerce cette souveraineté
au nom des citoyens :* c'est le GOUVERNEMENT REPRÉ-

noblesse, de la bourgeoisie. En Autriche les constitutions de 1849 et
1873 l'admettent encore : 1re classe : les grands dignitaires de l'Église;
2e les grands propriétaires fonciers; 3e les villes, localités industriel-
les, chambres de commerce et de métier; 4e communes rurales. L'é-
tude de ce caractère, quoique intéressante, ne rentre pas dans notre
sujet.

SENTATIF ; c'est même la démocratie représentative, si l'on entend par démocratie le gouvernement de tout le peuple par tout le peuple [1].

La plupart des États modernes ont adopté le gouvernement représentatif : citons toutes les nations d'Europe, sauf la Russie qui admet encore aujourd'hui le principe de l'autocratie pure, la Turquie dont le chef est un monarque absolu [2], le Monténégro et Monaco ; tous les États de l'Amérique du nord et de l'Amérique du sud [3] ; en Afrique, la Sierra Leone,

1. Quand on dit que l'exercice de la souveraineté appartient au corps électoral, cela ne veut pas dire que celui-ci ne doit pas chercher dans ses décisions la raison, la justice et la vérité. L'évolution des idées en pareille matière est assez curieuse. La doctrine de la souveraineté du droit divin, très ancienne, fut soutenue par Bossuet au XVIIe siècle (*politique tirée de l'histoire sainte*) ; au XIXe par de Maistre (*le pape, les soirées de Saint-Pétersbourg*) et de Bonald (*la législation primitive*).

La doctrine du contrat social, de la souveraineté brutale du nombre, fut présentée au XVIIe siècle par Mariana (*De rege et regis institutione*), Hobbes (*De cive, le Léviathan*) ; au XVIIIe par Locke (*Du gouvernement civil*, etc.), Beccaria (*Des délits et des peines*, traduction Faustin Hélie), J.-J. Rousseau (*Le contrat social*).

La doctrine plus moderne de la raison, de la justice, de la vérité, a été surtout soutenue par Royer-Collard (*Gouvernement de la France depuis la Restauration*), Benjamin Constant (*Principes de politique*), Guizot (*Histoire des origines du gouvernement représentatif*).

Voir Molinier (*Cours de dr. constitutionnel*).

2. Il faut cependant signaler des tentatives de réforme depuis 1839 et spécialement celle qui a échoué en 1877.

3. Il n'est pas question bien entendu de la Patagonie ni des îles. La République de Guatémala a admis un dictateur temporaire.

la colonie du Cap, Natal ; en Océanie, la plupart des colonies anglaises et quelques îles indépendantes [1].

Indépendamment de son sens général, l'expression *gouvernement représentatif* en a un autre plus restreint, technique, que l'on oppose à *gouvernement parlementaire :* celui-ci fait dépendre l'exécutif au point de vue du contrôle de l'assemblée élue par la nation ; il établit la prédominance absolue de la souveraineté nationale et se traduit en pratique par la responsabilité politique des ministres, qui, choisis dans la majorité nationale, perdent le pouvoir avec la confiance de cette majorité. Dans le gouvernement représentatif, le pouvoir exécutif, confié au représentant d'une dynastie ou à un président électif, est pleinement indépendant du pouvoir législatif et dirige en toute liberté les affaires publiques. Ce sont deux modalités, deux applications différentes du gouvernement représentatif entendu dans son sens large, habituel, sens dans lequel nous emploierons ce terme.

Pour gouverner il faut une *chambre des représentants*, qui sera élue par les citoyens. Le droit de nommer les membres de cette assemblée est le *droit de suffrage ;* nous n'avons pas à en étudier les divers modes : *nous nous plaçons en face du suffrage direct et universel*, nous ne nous demandons pas

---

1. Citons l'Australie, la Nouvelle-Zélande, la Tasmanie; et dans les îles Sandwichs, le royaume d'Owaï.

s'il faudrait tenir compte des intérêts matériels en exigeant, pour l'exercice de ce droit, le paiement d'un *cens*, ou des intérêts moraux en demandant aux électeurs une certaine *instruction* [1] ; nous n'étudions pas davantage le *vote plural* par lequel on pourrait tenir compte de ces divers intérêts, en accordant plusieurs voix aux électeurs mariés [2], ou payant un cens, ou pourvus de grades scientifiques. La question du *vote à deux degrés* reste également en dehors de notre sujet : la proportionnalité de la représentation peut être appliquée avec tous ces modes d'organisation du suffrage : ainsi en 1875, le Brésil a admis notre principe avec le suffrage à deux degrés, et l'Angleterre l'avait appliqué dès 1867 avec le régime censitaire. Mais la proportionnalité s'impose dans une démocratie représentative.

Elle est admise en général à un premier point de vue : on divise l'État en un certain nombre de collèges ou circonscriptions, et les députés sont répartis entre ces divers collèges en nombre proportionnel au chiffre des électeurs de chacun d'eux, ou des habitants, car il y a une proportion normale entre électeurs et habitants [3]. La loi du 9 juin 1886 nous dit :

1. Belgique-Italie.

-2. Proposition de Jouvencel (31 juillet 1871).
      id.   de Douhet (2 août 1871).

3. C'est l'avis de M. de Roys. Contrà : consultation de M. Dufaure et débats parlementaires du 22 mars 1885.

« Chaque département élit... un député par 70,000 habitants... (art. 2) ». Mais une fois le chiffre des députés accordés à chaque collège déterminé, ou après la délimitation des circonscriptions si on en fait une pour 70,000 habitants, la loi abandonne le principe proportionnel, et garde le système de l'*élection par la majorité*, c'est-à-dire la moitié plus un des votants : c'était encore il y a peu d'années la règle dans tous les gouvernements représentatifs.

Mais on s'est d'assez bonne heure aperçu que ce système qui donnait de bons résultats lorsqu'il s'agissait de représenter des groupes naturels, villes ou comtés, n'était plus admissible quand on représentait des individus, car une grande part était exclue de toute influence sur les affaires publiques [1].

Nous nous proposons de *combattre cette exclusion de la minorité ou des minorités* d'une nation, du corps représentatif, de montrer au contraire qu'une représentation proportionnelle de la majorité et des minorités est une théorie vraie, juste et utile à la Nation, puis d'*étudier quels procédés permettent d'atteindre ce but en pratique.*

En second lieu, l'élection se répandant comme

---

1. Stuart Mill. : *Du gouvernement représentatif* (trad. Dupont White, p. 156). « C'est le gouvernement de tout le peuple par une simple majorité exclusivement représentée.... Un gouvernement de privilège en faveur de la majorité numérique qui par le fait est seule à posséder une voix dans l'État ».

mode de nomination, nous étudierons la valeur du principe pour l'élection des *pouvoirs exécutif et judiciaire*.

Nous verrons son importance et ses avantages pour l'élection des *conseils administratifs*.

Enfin nous nous demanderons si on doit l'appliquer dans le *droit privé*.

Quand l'occasion s'en présentera, nous verrons l'accueil fait par la *presse*, les *publications* des particuliers ou des sociétés et les *Parlements* à notre principe et aux systèmes le réalisant, et nous nous arrêterons sur les *applications* qui en ont été faites dans la plupart des États Modernes et sur les résultats obtenus.

PREMIÈRE PARTIE

DE LA REPRÉSENTATION PROPORTIONNELLE EN MATIÈRE D'ÉLECTIONS LÉGISLATIVES.

Nous nous occupons de l'élection de l'Assemblée représentative, du Parlement ; nous prenons les électeurs existant dans le pays, et nous cherchons ce qu'on doit faire de leurs votes : c'est ainsi le *mécanisme de l'élection*, la mise en œuvre du droit de suffrage qui est *l'objet* de notre étude. Son *but* est de trouver le vrai *principe* de la matière et *un système* qui le réalise.

Nous ferons dans un premier chapitre la comparaison du principe actuel et du principe de proportionnalité ; dans un second, nous exposerons les systèmes proposés ; dans un troisième, nous verrons quel accueil la représentation proportionnelle a reçu de l'opinion, et quelles applications en ont été faites.

CHAPITRE PREMIER

DU PRINCIPE DE LA REPRÉSENTATION PROPORTIONNELLE

La représentation proportionnelle, à l'inverse du système actuel, se justifie en raison ; elle supprime une grave injustice avec toutes ses conséquences vis-à-vis d'un grand nombre d'électeurs ; elle produit un Parlement qui est vraiment le représentant de la nation ; les autres remèdes proposés ne réalisent pas les mêmes avantages.

SECTION PREMIÈRE

A L'INVERSE DU SYSTÈME ACTUEL, LA REPRÉSENTATION PROPORTIONNELLE EST FONDÉE EN RAISON

Le gouvernement représentatif nous est imposé par la force des choses, par l'impossibilité du gouvernement direct. L'assemblée élective remplace l'assemblée de tout le peuple : elle se compose des citoyens les plus dignes nommés par leurs concitoyens, et comporte ainsi une *sélection* qui assure la bonne exécution des fonctions qui lui incombent.

Le véritable principe qui doit nous guider, « c'est
que le corps représentant doit être l'image du corps
représenté : si dans le corps représenté, il y a du noir,
du bleu, du rouge, il faut que dans le corps représentant, il y ait du noir, du bleu, du rouge [1] » ; « un système représentatif irréprochable, disait M. James Lorimer, serait celui qui pour ainsi dire photographierait
la nation [2] » écoutons aussi Mirabeau : « Les assemblées représentatives peuvent être comparées à des
cartes géographiques qui doivent reproduire tous les
éléments du pays avec leurs proportions, sans que
les éléments les plus considérables fassent disparaître
les moindres. » Faut-il rappeler l'expression si frap-
pante de M. Prévost-Paradol : « La Chambre doit être
le miroir du pays. » Cette unanimité dans les écrits
d'hommes de grande valeur n'a rien qui puisse nous
étonner, nous aurons l'occasion d'en citer d'autres
encore ; elle s'explique bien naturellement : si l'on
veut une représentation, ce n'est point celle de quelques électeurs, d'une fraction du pays, c'est celle de
la nation tout entière.

Cependant la plupart des États représentatifs ont

1. Pirmez, Chambres belges : *Annales parlementaires*, 1877-1878,
p 645 et suiv.

2. La photographie, l'image, sera supérieure à l'original à cause de
la sélection.

admis pendant longtemps la nomination du corps élu
par la majorité, la moitié plus un des votants, et c'est
toujours la règle admise en France.

Nos lois admettent ainsi un procédé identique pour
la *décision et la représentation :* la majorité seule décide, la majorité seule est représentée : cette confusion
ne se justifie pas. Dès 1846, M. Victor Considérant,
dans une lettre écrite au conseil de Genève, étudiait
les différences profondes qui séparent ces deux opérations. Cette distinction a depuis été reprise bien
souvent [1], elle s'impose en pareille matière et résulte
de la nature même de ces deux faits si différents :

Une décision à prendre, un parti à adopter, une loi
à voter ou à rejeter, un impôt à approuver ou à refuser, toutes les diverses espèces en un mot que comprend l'expression *décision*, ne comportent que deux
solutions : solution affirmative, solution négative ; on
prendra ou on ne prendra pas la décision : les personnes chargées de décider, si elles ne tombent pas
d'accord sur le parti à adopter, se rangeront par la
force des choses en deux camps, disant, l'un : j'ap-
prouve ; l'autre : je désapprouve. Dans les assemblées
populaires, quand le gouvernement était direct, c'était
l'avis de la plus forte partie qui l'emportait ; dans l'assemblée des élus, la majorité des représentants l'em-

---

1. Citons MM. Aubry, Vitet, Fouillée, Ernest Brelay, Béchaux, Campagnole, de la Sicotière, Naville, etc., etc.

portera encore; quelle que soit la composition du parlement, il se divisera forcément en deux groupes statuant sur la question de fait à résoudre par oui ou par non: il s'agit d'un *droit collectif et impersonnel.*

Le droit de représentation est un droit qui appartient à chaque électeur: il comporte des mandats de confiance à conférer, des députés à élire; il n'est pas question de décider si la plus forte partie choisira tous les députés, conférera tous les mandats: il s'agit de respecter un *droit individuel, personnel,* le droit d'être représenté; de permettre à tous les électeurs de l'exercer dans la mesure du possible; il s'agit encore de leur faciliter une division non pas en deux camps disant l'un: je veux tous les représentants, l'autre: vous n'en aurez aucun; mais en autant de groupes d'accord sur le choix d'un candidat qu'il y a de représentants à élire. On obtiendra ainsi une assemblée qui sera l'image exacte quoique réduite de la nation.

On considère ainsi les électeurs comme des individus, parties de l'ensemble du corps social, fractions de l'État qui est l'unité, détenant chacun leur part de la souveraineté nationale, la millionième partie, s'ils sont un million. Le corps représentatif se composera de 100 députés, chaque député détenant à son tour pour 1 centième l'exercice de la souveraineté nationale accordé à l'assemblée. Ce député représentera

10,000 électeurs qui se seront mis d'accord sur son nom pour lui accorder ce 1/100 ou ces 10,000/1,000,000 du pouvoir souverain qu'ils possédaient.

Cette conception qui se présente la première à l'esprit, parce qu'elle est la plus simple et d'une exactitude mathématique en quelque sorte n'est pas la seule admissible.

Les électeurs sont divisés en partis politiques, désignés par des noms différents: whig, tory, etc., en Angleterre; républicain, conservateur, radical, etc., en France. Chacun de ces partis, dans l'exposé que nous venons de faire, aurait autant de députés qu'il réunirait de fois 10,000 électeurs: les électeurs sont considérés comme individus, abstraction faite du parti auquel ils appartiennent, aussi a-t-on appelé quelquefois ce mode de représentation *représentation personnelle*, parce que les électeurs étaient personnellement représentés.

L'autre mode sera, on le voit déjà, la *représentation de parti;* chaque citoyen est considéré comme membre d'un parti et appelé à contribuer à l'élection de tous les représentants de ce parti : son bulletin au lieu de contribuer à l'élection d'un seul candidat servira à celle de tous les candidats de son groupe politique : il portera sur son bulletin une liste de noms, celle des candidats adoptés, choisis par son parti pour le représenter, il votera au scrutin de liste. Si l'on savait d'avance à combien d'élus ont droit les whigs et les tories, au jour de l'élection on dirait : les whigs porteront 6 noms sur 10 candidats à nommer, les tories 4 noms. Comme on ne peut connaître l'importance relative de chaque parti, on peut permettre de voter pour un plus grand nombre de députés, pour les 10 par exemple et proportionner le nombre de candidats à accorder à chaque liste au nombre de suffrages obtenus par elle. Cette méthode est préférée par un grand nombre d'hommes éminents :

« La représentation de chaque électeur ou plutôt de chaque opinion dans la proportion de son influence dans le pays, tel est l'idéal du gouvernement des sociétés modernes, tel est le but à atteindre » (de Layre).

« Le but qu'il faudrait atteindre serait le suivant : donner à toutes les opinions quelles qu'elles fussent une représentation proportionnelle à leur importance numérique dans le pays » (Pirmez).

Que l'on adopte le premier ou le second procédé, le droit de l'électeur reste le même : 10,000 électeurs ont à nommer 10 députés ; dans le premier cas un électeur contribuera à l'élection d'un seul député, mais son droit ne sera limité que par la nécessité pour son candidat de réunir 1,000 voix pour être élu ; dans le second, s'il contribue à l'élection de 6 députés sur 10, c'est que ces 6 députés auront réuni 6 fois plus d'électeurs : 6,000 électeurs.

Que l'on adopte le vote uninominal ou le scrutin de liste, la représentation personnelle ou la représentation de parti, on peut faire voter les électeurs de trois façons : 100,000 électeurs ont à nommer 100 représentants, chaque député sera nommé par 1,000 électeurs, chiffre qui dans notre exemple est l'unité électorale ou quotient ; ou, au scrutin de liste, 3 députés seront nommés par 3,000 votants : 1° ou bien l'État tout entier forme un unique collège, les 100,000 électeurs nommant les 100 députés ; 2° ou bien l'État est divisé en collèges nommant plusieurs députés : 10 collèges de 10,000 électeurs nommant chacun 10 députés ; 3° ou bien encore l'État est divisé en circonscriptions électorales nommant chacune 1 député, 100 circonscriptions à 1 député :

1° Collège unique ;

2° Grands collèges nommant plusieurs députés ;

3° Petits collèges à 1 député :

1° Prenons la première hypothèse : Un collège unique, 100,000 électeurs nommant les 100 députés.

Tous les électeurs sont whigs, les députés seront whigs. Tous les électeurs sont tories, les députés seront tories. Une moitié des électeurs est whig, l'autre tory : Une moitié des députés sera whig, l'autre tory. Un tiers des électeurs est whig, deux tiers sont tories : Un tiers des députés sera whig, deux tiers seront tories.

Nous pourrions prolonger les hypothèses sans changer le résultat, 30,000 tories auront 30 élus, 70 mille whigs en auront 70;

2° Prenons en second lieu l'hypothèse des grandes circonscriptions électorales : même raisonnement, même résultat. 3,000 tories auront 3 élus, 7 mille whigs en auront 7.

Quand l'État est ainsi divisé en plusieurs circonscriptions, la question de *proportionnalité* se pose à un *double point de vue :* proportionnalité entre les électeurs des divers collèges (admise par nos lois), proportionnalité entre les électeurs d'un même collège. Remarquons que dans un collège donné la proportionnalité ne peut exister d'une façon absolue, même dans un collège unique.

Une grande cause d'inégalité est l'existence de plusieurs partis qui chacun ne contiendront pas un nombre exact de fois l'unité électorale, ce qui cause une difficulté dans la répartition des députés, première cause d'erreur, qui se multiplie avec le nombre des partis, et avec la division du pays en collèges. — Quand on divise le territoire en circonscriptions, chacune d'elles ne contiendra pas un nombre exact de fois l'unité électorale, ou plutôt cette unité, résultat de la division du nombre des votants par le nombre des députés à nommer, sera différente dans chacune d'elle, à cause de l'inégalité, de la variation dans le chiffre des électeurs et des votants qui ne pourra manquer de se produire : seconde cause d'erreur. Nous verrons comment on tient compte de ces deux difficultés en pratique. Elles sont inhérentes à la représentation elle-même, et sont en général assez faibles pour être négligeables : rien n'est parfait ici-bas, pas plus la proportionnalité, que la justice, la science, etc., mais on peut viser à la perfection, même quand on est assuré de ne pas l'atteindre, c'est même la loi de notre nature.

3° Dans la troisième hypothèse nous avons des circonscriptions de 1,000 électeurs nommant chacune 1 député. A moins que les électeurs soient unanimes sur son choix il faudra l'accorder à la majorité, comme dans le cas de décision, car il y a ici une décision à prendre : être ou n'être pas représenté. Cette division du pays doit donc être bannie d'une Nation qui veut une représentation exacte et complète de ses électeurs.

Le système de l'*élection à la majorité* est la négation des conclusions auxquelles nous venons d'arriver, il transforme la nomination des représentants en une décision à prendre : admet-il le vote uninominal, la représentation personnelle, il divise le pays en collèges à 1 député ; crée-t-il des collèges à plusieurs députés il fait procéder à autant d'élections successives [1]

---

1. Constitution de 1791, Condorcet : *Sur l'institution d'un conseil électif*, édition 1847, tome XII, p. 251-255. *Projet de constitution française*, tome V, section II, art. 2, membres du pouvoir exécutif.

qu'il y a de candidats à nommer, ou encore décide que l'on votera au scrutin de liste et que la liste qui obtiendra la majorité sera élue : 10,000 électeurs sont réunis : ils nomment successivement 10 députés, ou bien mettent 10 noms sur leurs bulletins et les 10 noms qui auront obtenu les voix de 5,001 électeurs seront proclamés les représentants de tous les électeurs. Et en effet, que l'on nomme un homme ou qu'on adopte une liste, dès qu'un certain nombre d'électeurs doit choisir entre deux hommes, entre deux listes, il faut laisser ce choix au plus grand nombre.

Le système actuel consacre ainsi l'exclusion de près de moitié des électeurs. Avec un collège unique, la majorité seule est représentée : ce fait se produit tous les jours pour les élections des conseils municipaux. Quand il y a plusieurs circonscriptions, la minorité du pays peut être en majorité dans quelques-unes d'entre elles et obtenir ainsi des représentants.

Ainsi contre toute raison, contre le but même de la représentation, l'exclusion des minorités, au moins locales, est consacrée par la loi. On a essayé parfois de l'expliquer et de le justifier.

Une *ingénieuse explication* a été donnée par M. Jacottet de Neuchâtel : quand les corps représentatifs étaient choisis par des groupes ou des communautés, et que les députés étaient chargés de défendre les in-

térêts de la ville qui les avait nommés, ceux-ci devaient être porte-paroles de la même opinion. Plus
tard « on aurait conservé à tort pour l'exercice de la
représentation véritable, un procédé logiquement ré-
servé au choix de mandataires assimilables à ceux
du droit civil ».

L'explication est plausible en effet, mais elle ne
justifie rien, et conclut au contraire à l'abandon d'un
système suranné.

Toutes les justifications que l'on a essayées assimi-
lent la nomination des députés à une décision à prendre.

En 1874, M. Bertauld disait à l'Assemblée : « le
principe des gouvernements démocratiques, constitutionnels, parlementaires, ce n'est pas seulement
que l'intérêt du plus grand nombre doit dominer et
primer l'intérêt du plus petit nombre. Non,.... c'est
pour les hommes, que les hommes qui réunissent
l'adhésion du plus grand nombre sont les plus éclai-
rés, les plus dignes, ceux qui méritent le plus les suffrages » Quand M. Bertauld dit que la décision, l'idée
adoptée par le plus grand nombre est présumée la
meilleure, nous admettons bien que si elle n'est pas
toujours « vraie, conforme à la justice, conforme à la
raison » elle s'impose au moins par la force des choses. Mais quand il s'agit d'élections nous demandons
que les représentants soient les élus d'un plus grand

nombre encore d'électeurs, de tous si c'est possible, et non pas seulement de la moitié.

Dans le même ordre d'idées on a écrit : « le droit de l'électeur... n'est pas d'avoir sa volonté particulière représenté à la Chambre, mais de l'y avoir représentée en tant qu'elle concorde avec la volonté générale du collège dont il fait partie. Et ce, pour deux motifs, d'abord parce que c'est dans le but de constater cette volonté générale que le vote a été donné à chacun, en second lieu parce qu'une volonté particulière ne se représente pas [1]. »

Nous savons bien qu'il faut que la volonté d'un électeur concorde avec celle d'un certain nombre d'autres électeurs pour avoir droit à la nomination d'un député, mais avec la volonté de la majorité, pourquoi? Nous demandons plus que cela. On se contente aujourd'hui pour la nomination d'un député de la moitié des votes, nous demandons que tous les citoyens soient appelés à choisir les représentants; le corps élu proviendra bien davantage de la volonté générale.

Quant au mot *majorité*, le prestige dont il semble jouir en matière élective, et la façon dont on l'assimile à la volonté générale ne seraient-ils pas des souvenirs d'un ingénieux sophisme de J.-J. Rousseau qui

1. Bertrand.

nous montre que les minorités elles-mêmes sont de l'avis des majorités?

« Quand une loi est proposée dans l'assemblée du peuple, ce qu'on demande à des citoyens libres n'est pas précisément s'ils approuvent la loi ou s'ils la rejettent, *mais si elle est conforme à la volonté générale qui est la leur*, chacun en donnant son suffrage dit son avis là-dessus, et du calcul des voix se tire la volonté générale. Quand donc l'avis contraire au mien l'emporte, cela ne prouve autre chose sinon que *je m'étais trompé*, et que ce que j'estimais être la volonté générale ne l'était pas. »

En appliquant cette théorie à l'élection des députés, on s'explique que le député puisse être censé représenter tous les électeurs alors que ses actes seront en désaccord complet avec les désirs de ceux qui voulaient un autre représentant.

Même en matière de loi, c'est-à-dire de décision, cette théorie n'est qu'une « subtilité sophistique », car la volonté de tous n'est pas identique ; elle est même fort différente, et peut être contradictoire. Mais quand il s'agit d'élection, dont J. J. Rousseau ne parle pas, il reste toujours la différence qui existe entre la représentation et la décision, et des raisons différentes de conclure.

Ainsi l'*élection à la majorité* qui peut s'expliquer *historiquement*, par l'organisation ancienne de la re-

présentation et par le souvenir des doctrines de
J.-J. Rousseau ne se justifie pas en raison.

Avoir un principe défectueux à la base de la législation électorale, dans une démocratie représentative, est déjà un mal sérieux, mais de plus ce principe entraîne des conséquences fâcheuses dans le pays et dans le corps élu.

SECTION II

LE SYSTÈME ACTUEL, SES EFFETS DANS LE PAYS. — LES EFFETS DE LA RÉFORME ÉLECTORALE.

Le principe de l'*élection à la majorité* est profondément *injuste* : que l'élection ait lieu au scrutin de liste, ou au scrutin uninominal, dans chaque circonscription, la majorité seule désignera les représentants : des citoyens en grand nombre, près de moitié des électeurs peut-être, se verront privés de leur droit de suffrage qui n'aura aucune valeur, pas plus que s'il n'existait pas. Leur bulletin de vote ne sera qu'un vain chiffon de papier ; leur influence sur la marche des affaires sera nulle.

Que l'on ne croit pas à une exagération de notre part : l'Annuaire de statistique du ministère du commerce (1886, p. 555) donne les résultats des élections de 1885 et 1881. « Par rapport au nombre des suffrages *exprimés*, les élus ont obtenu en 1885, 56 voix par 100 inscrits ; en 1881, 67 0/0 ». Le chiffre des votants était de 7,896,062, mais 7,859,330 suffrages seuls étaient valablement exprimés. Le rapport exprimé 56/100 nous indique que les élus ont réuni $\frac{56 \times 7,859,330}{100}$ = c'est-à-dire 4,401,225 suffrages et que par conséquent les autres électeurs dont les suffrages se sont perdus : (7,859,330 — 4,401,225) au nombre de 3,458,106 sont demeurés sans représentants.

En résumé 4 millions 1/2 d'électeurs ont nommé tous les représentants, 3 millions 1/2 de votants n'en ont eu aucun ! Les favorisés sont un peu plus de moitié : 1/16 en plus ! Ceux qui ont été injustement éconduits un peu moins de moitié : 1/16 en moins !

En 1881 l'injustice existait quoique un peu moins considérable. Les élus avaient obtenu 4 millions et demi de suffrages sur 7 millions. 2 1/2 millions d'électeurs restaient sans députés (Annuaire 1884, p. 510 ; 1886, p. 555).

Ces deux exemples montrent bien l'injustice : le premier du scrutin de liste, le second du scrutin uninominal pratiqués comme ils le sont aujourd'hui.

Ainsi aux élections des 4 et 18 octobre 1885, dans chaque département, près de moitié des électeurs n'ont pas été représentés ; en Seine-et-Oise, les 9 élus ont obtenu moins de moitié des suffrages (en moyenne dans les deux tours de scrutin). Il en a été de même pour les élus au scrutin de ballotage du Cantal, de l'Eure, de l'Isère et de la Somme.

Malgré l'évidence écrasante de ces chiffres, les partisans de l'élection à la majorité ne se tiennent pas pour battus. Ils nous disent que jamais une opinion de quelque importance n'a manqué de représentants, qu'un parti nombreux vaincu dans un collège est vainqueur dans un autre ; en effet les électeurs des divers partis sont inégalement répartis sur tout le territoire et ceux d'un parti qui est en minorité dans le pays, se trouveront groupés dans des circonscriptions et y obtiendront quelques sièges. Ainsi le jeu naturel du suffrage amène une série de compensations qui procure une représentation équitable et sa modification causerait un trouble inutile et peut-être dangereux.

La réponse est facile : *cette compensation en fait ne se produit pas*, ce qui n'a rien d'étonnant, car elle n'est pas le résultat de la loi mais du hasard. Le hasard a plus ou moins capricieusement réparti dans le pays les divers groupes politiques, ce qui décide du sort des élections. Si l'on avait un collège unique, la compensation ne se produirait pas ; plus il y a de collèges, plus les minorités ont de chance d'obtenir la majorité dans quelques-uns d'entre eux. En 1882, à Bruxelles,

Les catholiques au nombre de 21,673 eurent 19 sièges au lieu de 34.

Les libéraux au nombre de 22,467 eurent 50 sièges au lieu de 35.

Mais en 1884 pour un faible changement,

Les catholiques au nombre de 34,080 eurent 67 sièges au lieu de 42.

Les libéraux au nombre de 22,117 eurent 2 sièges au lieu de 27 [1].

En France, en 1885, le parti gouvernemental eut 366 députés au lieu de 311, l'opposition 202 au lieu de 257 (sur 568 députés : France et Corse) [2].

En France, en 1852, les candidats officiels étaient 260 au lieu de 228, les opposants 3 au lieu de 35. — En 1867, les premiers avaient 262 sièges au lieu de 229, les seconds 5 au lieu de 38. — En 1863, les candidats officiels étaient 250 au lieu de 210, les opposants 33 au lieu de 73. — En 1869, 200 candidats officiels et 92 opposants étaient élus, tandis que l'équité aurait accordé 160 sièges aux premiers, 132 aux seconds [3].

Le résultat est encore plus injuste quand c'est une minorité qui obtient la majorité des sièges.

Avant la réforme, en Illinois, on obtenait les résultats suivants :

43 élus pour 123,000 suffrages.

1. Bulletin, 3 p. 75.
2. Bulletin, 3, p. 77.
3. Campagnole

42 élus pour 327,000 suffrages.

A Genève, la révolution de 1846 fut la suite d'un fait semblable, la majorité des députés appartenait à la minorité du pays.

En Angleterre. M. Courtney cite les élections du Lancashire nommant 22 conservateurs pour 102,000 votants, et 11 libéraux pour 104,000 votants[1].

La représentation serait-elle exacte par hasard, ne serait-ce pas dire que l'exclusion et l'injustice dans un collège serait rachetée par l'exclusion et l'injustice dans un autre collège? Serait-ce une consolation pour les électeurs qui forment la minorité d'un collège de savoir qu'ailleurs leurs amis politiques ont triomphé? Les 205,660 républicains du Nord et du Pas-de-Calais n'ont pas obtenu un siège sur 32, se consoleront-ils en songeant qu'à Paris 286,131 de leurs amis ont obtenu les 38 sièges? Leurs intérêts seront-ils bien pris en main par les élus de leurs adversaires politiques? Ceux-ci de leur côté qui seront privés de tout porte-paroles à Paris devront songer au bonheur de leurs amis du Nord et se passer de représentants, car enfin admettre que l'élu représente même les adversaires qui ont voté contre lui, c'est se payer de mots, car ce député a un programme qu'il tâchera d'exécuter, s'il est consciencieux ; or cette exécution ne peut que blesser les sentiments et les intérêts des

1. Naville : *La réforme électorale* en 1871 et 1875, p. 83.

électeurs qui désiraient un homme de leur avis pour produire à la Chambre leurs désirs et leurs revendications.

L'égalité et la justice consisteront-elles « en ce que la minorité d'aujourd'hui pourra devenir la majorité de demain » ? Alors la majorité d'aujourd'hui ne sera plus représentée, alors ce sera son tour de subir l'exclusion ! Est-ce là la justice et n'est-ce pas un grand mal qu'un nombre considérable de votants ne voient à la Chambre aucun des candidats auxquels ils ont accordé leurs suffrages ?

Cette injustice entraîne une série de conséquences fâcheuses pour les électeurs : chaque parti qui pourrait prendre pour devise « être tout ou n'être rien » va faire appel à tous les siens, et employer tous les moyens en son pouvoir. Il engage la *lutte*, une lutte sans merci, dans laquelle il faut exclure son adversaire de toute représentation sous peine d'en être exclu lui-même.

Cette lutte devrait être courtoise et loyale, malheureusement on fera parfois appel aux passions, aux intérêts privés du moins. Le candidat cherchera dans la corruption un moyen d'augmenter le nombre de ses électeurs ; le ministre sera tenté d'exercer une violente pression administrative en faveur des candidats officiels ou officieux. De chaque côté on fera usage de ces procédés, mille fois flétris et presque toujours employés : la calomnie, les promesses exagérées et irréalisables ; on fera revivre les vieilles haines, on présentera à l'imagination du peuple les spectres du passé, les fantômes de l'avenir.

La période électorale deviendra une cause de craintes et de troubles, un malaise général se fera sentir pendant sa durée, et les divisions qui en résulteront persisteront encore après qu'elle aura pris fin. Enfin au jour du scrutin, des paroles on ira peut-être plus loin : qui ne se rappelle les coups de revolver d'Amérique, les coups de bâton de Hongrie, les coups de poings d'Angleterre !

La *représentation intégrale* diminuera-t-elle la violence des luttes électorales : deux opinions sont en présence, diamétralement opposées.

L'une nous représente la *guérison* comme radicale, trop complète même, les partisans de chaque opinion, assurés d'avoir les représentants auxquels ils ont droit et pas davantage vont paisiblement au scrutin, les élections ne sont plus disputées, l'opinion politique s'endort ; plus de ces grands courants qui entraînaient les foules, qui imprimaient aux affaires une direction ferme, leur donnaient une impulsion favorable et énergique ! Cette opinion a été soutenue en Angleterre : à la Chambre des Lords, le duc de Marlborough témoignait la crainte que la représentation des minorités ne causât la perte d'un élément considérable

de l'activité politique, et à la Chambre des Communes
M. Disraëli pensait que ce procédé créait une représentation stagnante, ne pouvant qu'aboutir à créer un
pouvoir exécutif impuissant.

L'*autre opinion* nous montre la juste représentation
organisant ces luttes, ces batailles qu'elle a pour but
d'éviter : les sociétés ouvrières, les comités se consti-
tuant à l'état permanent, considérant le triomphe politique comme le but unique ; les diverses classes de
la société hostiles les unes aux autres, cherchant chacune la prédominance, en un mot la lutte sociale organisée : ce fut la thèse de M. Luchini au congrès de
Florence.

Le résultat probable du nouveau système ne serait-
il pas dans un juste milieu ? La *lutte* moins violente :
chaque parti ayant l'espoir d'être représenté sans avoir
à annihiler son adversaire, mais lutte néanmoins,
vive et ardente même. D'une part en effet elle em-
prunte une grande part de ses éléments au caractère
national du peuple : le Corse aime la vendetta, l'Ita-
lien son poignard. D'autre part, l'intérêt subsiste, la
majorité désirant accroître le chiffre de ses adhérents
pour avoir tous les sièges, la minorité cherchant à
augmenter celui des siens pour voir en même temps
grossir sa part de représentation. La *défaite* moins
amère parce qu'elle serait partielle, et laisserait aux
vaincus non pas la possibilité de faire triompher leurs

idées, mais au moins l'espoir de les produire et de les voir peut-être un jour adoptées.

« Je saluerai avec bonheur, a dit M. Surmont de Volsberghe au Sénat belge, le jour où cette loi sera présentée parce que je suis convaincu avec beaucoup d'autres esprits qu'elle amènera réellement une ère de paix et de tranquillité. »

La *pression administrative* diminuera-t-elle ? Il semble difficile que le gouvernement qui doit être contrôlé par les futurs députés se désintéresse de leur élection, n'indique pas ceux qui lui sont agréables et pour qui ses partisans doivent voter. Il en est de même de la *corruption privée*. L'achat des voix cessera-t-il ? On ne voit pas pourquoi. Mais dans les deux cas le résultat sera moins grave qu'avec le scrutin de liste actuel : au lieu de faire passer une liste entière, on arrivera peut-être à faire nommer un député ! Il sera plus difficile que dans le scrutin uninominal actuel, car il faudra agir sur près de deux fois plus d'électeurs, chaque député devant obtenir l'unité électorale au lieu de la majorité de cette unité.

Le système de la majorité nécessite également des *coalitions* de partis : pour fonctionner en effet il suppose deux partis seulement dont l'un triomphera ; si dans un collège il y a plusieurs minorités, pour lutter avec avantage, elles devront s'entendre contre la majorité : la circonscription à 10,000 électeurs et

3

nomme 10 députés, 5,000 républicains sont en présence de deux partis l'un de 3,000, l'autre de 2,000 électeurs, qui s'uniront contre lui ne pouvant lutter avantageusement chacun pour eux. Ou encore il n'y a que des minorités : 4,000 électeurs d'un côté, 3,000 d'un second, et autant d'un troisième, pour triompher deux d'entre eux pourront s'unir. Qu'on le remarque bien, les coalitions dont nous parlons ne sont pas la conséquence du gouvernement représentatif ; les volontés particulières ne se représentent pas, il doit y avoir de la part de chaque électeur, de chaque petit groupe, des concessions mutuelles, un sacrifice raisonnable des préférences particulières, pour arriver à constituer un groupe plus nombreux égal au quotient ou à l'unité électorale. Dans notre hypothèse chaque parti a droit à un ou plusieurs députés, mais avec le principe de la majorité il faut réunir plus de moitié des votants. Certainement il y aura des coalitions naturelles entre groupes ayant des idées connexes, des principes analogues et divisés seulement sur des points secondaires ; mais à côté d'autres se formeront qui n'auront pas ce caractère de saine politique ; devant le danger de l'exclusion, le désir, la soif du pouvoir réuniront sous la même bannière les partisans des doctrines les plus contradictoires, dont l'unique lien sera une haine commune ; il faut en chercher la cause dans les défauts de la loi électorale.

La représentation proportionnelle, en permettant à tout groupe atteignant le quotient d'obtenir un délégué, fait disparaître la nécessité de ces alliances irrationnelles et immorales, en ne laissant subsister que la nécessité des alliances exigées par le système représentatif lui-même. C'est une utile conséquence de la réforme qui apporte une grande netteté dans l'élection, évite les compromissions et fait de l'ensemble l'image assez exacte du pays.

La répugnance pour ces coalitions, jointe à la conviction que les suffrages seront perdus, et au dégoût des luttes électorales, justifie souvent *l'abstention*. Parmi ceux qui le jour du scrutin se tiennent éloignés des urnes, il y en a certes beaucoup de coupables qui comprennent mal leurs devoirs politiques et les négligent sans excuse, mais aussi : « La loi repousse de l'urne les plus honnêtes et les plus sages : les plus honnêtes parce qu'ils refusent de mutiler leurs convictions et de trafiquer de leurs suffrages ; les plus sages parce qu'à ces transactions si souvent immorales qu'on appelle des coalitions, on ne gagne que de se sacrifier [1]. » La loi en repousse d'autres aussi : ceux qui jugent qu'aller jeter dans l'urne un vain morceau de papier est une illusoire protestation, et ceux qui craignent de se mêler aux luttes politiques, et ceux qui s'arrêtent indécis devant l'immensité des

1. Aubry-Vitet : *Le suffrage universel.*

promesses, le vague des programmes et les calom-
nies réciproques des partis.

La cause cessant, l'effet ne tardera pas à disparaître, le citoyen intelligent ne restera plus chez lui au
jour de l'élection, il n'aura plus de motif de le faire,
plus d'excuse de s'abstenir.

Enfin on évitera les *brusques revirements* qui arri-
vent à changer presque complètement la composition
d'une assemblée : la majorité de la veille restera quelque chose le lendemain. On ne verra plus ce qui s'est
produit à Bruxelles et à mille autres endroits, les
mêmes électeurs envoyant à un mois d'intervalle en
juin 16 députés de la droite à la Chambre, et en juillet 8 sénateurs de la gauche au Sénat !

C'est donc l'intérêt même de la majorité d'aujourd'hui, comme de tous, d'accepter une réforme
équitable : « Les destins sont changeants » disait
M. de la Sicotière à la Chambre ; d'autre part les
minorités ont bien tort de ne pas vouloir la proportionnalité ! Espérer opprimer à leur tour, quand elles
deviendront majorité, compter étouffer les réclama-
tions, les révoltes de la majorité déchue, est-ce là un
généreux espoir, et le moyen de fonder un gouvernement durable ?

SECTION III
LES EFFETS DU SYSTÈME ACTUEL DANS LE PARLEMENT

Nous ne faisons que mentionner un reproche adressé par un grand nombre d'écrivains remarquables [1] à la démocratie actuelle. L'instinct de cette démocratie serait d'écarter de la représentation nationale les esprits les plus cultivés, les intelligences supérieures. Ce sentiment d'envie ou de méfiance existe-t-il en France ? Notre Chambre des députés manquerait-elle d'orateurs ou d'hommes de talent, de toutes les classes de la société, de toutes les branches de la science ? — Tout ce qu'on peut remarquer, c'est que les hommes de valeur appartenant à tous les partis, le niveau des assemblées sera plus élevé encore quand tous les partis pourront envoyer les leurs au lieu d'accorder le monopole de ce choix aux majorités locales.

Ce qu'il y a de vraiment curieux et instructif à étudier, c'est la composition possible et la composition probable de l'assemblée élue par l'élection à la majorité. Nous allons passer en revue quatre hypothèses distinctes.

1. De Tocqueville : *La démocratie en Amérique.*

Stuart-Mill : Discours à la Chambre des communes en mai 1867. Le gouvernement représentatif.

Simon Sterne : Réunion à Londres le 21 mars 1868.

De Parieu : *Principes de la science politique,* ch. IV.

Caro : *Revue des Deux-Mondes,* mai 1870.

Macaulay : Lettre au *Times,* e 7 avril 1860

1. *L'assemblée est composée uniquement de représentants nommés par le parti dominant dans le pays.*
Ce fait se présentera toujours s'il y a un collège unique et une majorité : nous le voyons dans toutes les
communes de France : chaque conseil municipal est
composé de conseillers élus par le même parti, en
majorité dans la commune ou par une alliance de
partis, formant majorité. Il pourra aussi se présenter
avec la multiplicité des collèges (toujours au cas où il
y a une majorité) si les divers partis sont également
répartis sur tous les points du territoire : alors les
majorités locales s'identifieront avec la majorité du
pays. Pareil résultat a été obtenu plusieurs fois en
Portugal avant l'adoption du système proportionnel.
Quand par malheur il en est ainsi, c'en est fait de la
discussion : le despotisme d'un seul est remplacé par
le despotisme d'un parti, qui peut sans contrôle et sans
contradiction exercer une terrible tyrannie sous une
trompeuse apparence de légalité. Nous voyons chaque
année la Chambre composer ainsi certaines commissions, celle du budget notamment : et l'on sait que le
travail ne s'y fait pas mieux parce qu'il y a unanimité
d'opinion politique. C'est un des effets possibles les
plus désastreux de l'élection à la majorité; et on ne
saurait trop souhaiter qu'il ne se produise pas !

Dans ce parlement, qui va prendre la décision ? *La
majorité absolue des représentants,* un peu plus de

moitié des députés : et ces députés représentent un peu plus du quart des votants. Bien plus, si on fait intervenir ici la notion du *quorum*, c'est-à-dire si l'on se rappelle que la Chambre prend valablement une décision quand la moitié de ses membres votent, dans ce cas la décision sera prise par plus du quart des députés représentant un peu plus du *huitième* des électeurs, à peine plus du *quarantième* de la population. Il est vrai que la Chambre est rarement composée de la sorte, mais des anomalies analogues ne s'en produisent pas moins, comme nous allons voir;

2° La Chambre peut être composée de telle sorte que *chaque parti obtienne sa juste part de représentation*. D'après Stuart Mill, « ceci est vrai en gros dans l'état actuel du corps électoral..... mais la chose cesserait sur-le-champ d'être vraie si l'on accordait le droit électoral à un plus grand nombre, à plus forte raison si on l'accordait à tous, car en ce cas la majorité en toute localité serait composée de travailleurs manuels et quand il y aurait une question pendante, sur laquelle ces classes ne seraient pas d'accord avec le reste de la communauté, aucune autre classe ne réussirait à se faire représenter nulle part. » Il y a là un peu d'exagération, la démarcation des classes n'est pas aussi nette. Dans ce cas la délibération sera bien conforme au *desideratum* du régime représentatif. Quant à la décision, on pourrait être tenté de refaire le raisonnement précédent, et de dire que cette Chambre n'est toujours nommée que par une majorité d'électeurs. Ce n'est qu'une apparence, puisque la composition si elle n'est pas identique à ce qu'elle serait avec la représentation proportionnelle, contient néanmoins les élus des divers partis dans les mêmes proportions. Seules les minorités des divers collèges n'étant représentées que virtuellement par les élus d'autres collèges pourraient regretter que certains intérêts locaux fussent mal défendus. La décision totale sera la même (mathématiquement parlant) que celle d'une Chambre élue à la représentation proportionnelle;

3° Mais entre les deux hypothèses où nous venons de nous placer, s'en trouvent une foule d'autres, intermédiaires, qui sont celles que nous donne la pratique et sur lesquelles on ne saurait trop appeler l'attention : *le parti dominant obtient plus que sa part de représentants,* au détriment de la minorité [1]. Prenons

1. *Suisse* 1881 : 232, 400 électeurs nomment 137 députés, 130,700 en obtiennent 8 (Béchaux, p. 12).

Belgique juin 1884 : 27,930 électeurs catholiques nomment 50 députés, 22,117 libéraux, 2 députés.

France

	ÉLECTEURS		POUR LES CANDIDATS		Votes Nuls	Dép. Officiels		Opposition	
						RÉSULTAT		RÉSULTAT	
	Inscrits	Votants	Officiels	De l'opposition		légal	exact	légal	exact
1852	9.836 043	6 117.078	5.218.602	810 962	87.514	260	228	3	35
1857	9.495.935	6.136.664	5 200.101	843 566	92 917	622	229	5	38
1863	10.003.748	7.303.735	5.354.779	1.859.513	41.112	250	210	33	73
1869	10.315.523	8.098.565	4.455.287	3 363 278	86 716	200	160	92	132
1885	10.181.095	7.896.062	4.300.000	3 550.000		366	311	202	257
1er Tour									
2e Tour	6.079 152	4.684 539							

un exemple quelconque, tout autre fournirait le même résultat. Une Chambre de 7 députés est nommée par 7,000 électeurs ; 3,000 sont whigs et envoient 2 députés seulement ; 4,000 sont tories et en envoient 5. La juste proportion serait 3 et 4. De la délibération nous ne dirons rien, mais voyons quelle décision vont prendre nos élus. Il faudra que 4 se mettent d'accord : supposons donc, ce qui est conforme à la pratique, que ce seront 4 élus de la majorité qui se mettront d'accord. Le cinquième votera avec la minorité ; la loi passera : et cependant les 3 opposants représentent plus de moitié des électeurs : les députés de la minorité représentent 3,000 électeurs ; chacun de ceux de la majorité représente $\frac{4,000}{5} = 800$ électeurs. Il y a donc contre la loi 3 députés représentant $(3,000 + 800 =)$ 3,800 électeurs, et pour la loi 4 députés représentant $(4 \times 800 =)$ 3,200 électeurs et néanmoins la loi sera votée. Même résultat sera obtenu avec n'importe quels chiffres. Nous pouvons donc poser en *règle générale* que *le système électoral actuel aboutira à faire voter les lois, approuver les impôts par une majorité de députés ne représentant qu'une minorité d'électeurs.* Nous pourrions même indiquer un *calcul pratique* pour savoir quand une décision est ainsi mal rendue, et en donner la *formule*.

500,000 électeurs nomment 500 députés. 270,000 whigs en nomment 270 ; 230,000 tories en nomment

230 avec la représentation vraie. 251 députés suffi-
ront pour prendre une décision et représenteront
251,000 électeurs. Il suffira donc pour une décision
que 251 députés de la majorité sur 270 se mettent
d'accord : la loi est faite par une fraction de la majorité $\frac{251}{270}$, fraction qui a pour numérateur la majorité de
la Chambre, pour dénominateur, le chiffre des députés
qu'aurait dû obtenir le parti dominant.

Mais avec le système actuel, ce parti obtient plus
que sa part : 300 élus par exemple : il aura 300 députés à lui seul. Dans cette nouvelle Chambre pour
que la décision soit bien rendue il faudra que les
$\frac{251}{270}$ de ce parti se mettent d'accord : les $\frac{251}{270}$ de 300 sont
278 députés ; or on se contente de 251. En appelant
F la fraction, M le nombre d'élus de la majorité pour
qu'une décision soit bien rendue, il faudra que $F \times M$
(députés de la majorité) se mettent d'accord.

La vérification est facile : 270,000 électeurs nomment
300 députés. 1 député représente $\frac{270,000}{300} = 900$ électeurs.
278 députés en représenteront $278 \times 900 = 250,200$,
ce qui est bien la majorité [1]. (Nous sommes obli-

---

1. Appliqué à la Chambre de 1885 en France, nous avons eu 568 députés, 4,300,000 républicains avec 366 députés au lieu de 311 ; 3,355,000
opposants avec 202 élus au lieu de 257.

Il faudra $(\frac{285}{311} \times 366)$ 332 députés environ de la majorité pour que
cette majorité prenne une décision valable.

En effet chaque député représente $(\frac{4.300.000}{366} =)$ 11,748 suffrages, et

gés de supposer pour raisonner que les députés représentent une moyenne d'électeurs. Il se pourra donc en pratique, avec le système actuel, qu'avec quelques voix de moins la décision soit bien rendue, comme aussi qu'elle le soit mal avec quelques voix de plus, mais le calcul n'en est pas moins vrai).

C'est du reste un *fait bien connu* [1]; dans les Cham-

---

332 députés (11,748 $\times$ 32 =) 3.900,000 suffrages, à peu près la majorité qui est de 3,925,000.

1. Sir Charles Dilke, à la Chambre des communes en Angleterre a cité des chiffres assez curieux : Le bill sur l'emploi des enfants dans les mines a été voté par 185 députés représentant 1,410,000 électeurs, contre 170 députés en représentant 1,404,000. Jusqu'ici c'est juste, mais on prévoit déjà le résultat des votes suivants. Sur le servage de Birmingham, le bill fut voté par 148 députés représentant 977,000 votants, contre 145 en représentant 1,383,000 (Bertrand, page 179-180).

M. Béchaux donne pour la France des chiffres assez curieux, pour la Chambre de 1881-1885 :

        10.532.974 électeurs inscrits.
        6.865.608   —   votants.
        4.548.476 voix attribuées aux élus.

31 octobre. Expédition du Tonkin, ordre du jour favorable au gouvernement, 324 députés repr. 2,685,516 électeurs, moins de moitié des votants.

10 décembre 1883. Ordre du jour favorable au gouvernement, 308 députés, 2,519,598 électeurs, moins de moitié des votants.

4 juin 1883. Suspension de l'inamovibilité des magistrats, 308 députés, 2,613,886 électeurs, moins de moitié des votants.

23 novembre 1883. Diminution du traitement de l'archevêque de Paris, 281 députés, 2,339,031 électeurs, le tiers des votants.

15 février 1883. Expulsion facultative des princes, 317 députés, 2,651,544 électeurs, moins de moitié des votants.

Ces chiffres sont intéressants, mais ne prouvent pas que la décision

bres actuelles, *les décisions sont souvent prises par des députés qui ne représentent qu'une minorité d'électeurs*. Le prince de Bismarck parlant de la France, dans un récent discours au Reischtag, constatait cette anomalie [1]; tous les hommes politiques la connaissent bien : elle explique l'indifférence habituelle avec laquelle le pays accepte la dissolution des corps élus ; elle fait également disparaître l'étonnement que cause au premier abord le dissentiment entre le corps élu et le pays, je fais allusion au *referendum*. Dans les pays qui ont admis ce mode législatif, on voit des lois votées à une forte majorité par l'assemblée élue et repoussées ensuite par le pays tout entier à une non moins forte majorité ;

4° Nous ne devons pas omettre une quatrième hypothèse qui est sans contredit la plus grave si elle n'est pas la plus fréquente [2]: *la majorité des électeurs n'a au Parlement qu'une minorité de représentants.*

soit en contradiction avec l'opinion du pays. M. Béchaux (p. 2), si je ne me trompe, ne s'occupe que des voix attribuées effectivement aux élus, tandis qu'il faudrait s'occuper aussi des voix accordées sans succès aux coreligionnaires politiques des députés en question pour avoir un résultat complet et exact.

1. Discours rapporté dans *Le Temps* du 13 janvier 1887. — Dans la Gazette de Cologne : Traduction dans le n° du *Soleil* du 13 janvier.

2. En Suisse aux dernières élections (le 26 octobre 1884), au conseil fédéral, les listes radicales ont réuni 170,000 suffrages environ ; les listes de l'opposition 174,000..., mais les cercles électoraux sont organisés de telle façon que l'opinion radicale aura plus des deux tiers de la représentation fédérale Béchaux, . 13)

Il suffit pour cela que dans la plupart des collèges une opinion triomphe avec une infime majorité et qu'elle soit battue dans les autres collèges à la presque unanimité : nos 10 collèges à 10,000 électeurs ont à nommer 100 représentants. Dans 6 collèges les tories triomphent avec 6,000 voix; dans les 4 autres les whigs l'emportent avec 9,000. Les tories auront 60 représentants avec 40,000 suffrages (36,000 + 4,000); les whigs 40 avec 60,000 voix (24,000 + 36,000). Il est à peine utile de montrer qu'ici toute décision appartiendra à la minorité du pays.

Dans ces quatre hypothèses qui embrassent toutes les compositions possibles du corps élu, nous trouvons (sauf dans la seconde qui se présente fort rarement) la représentation faussée ! Le système actuel, en dehors de ses défauts dans le pays ne réalise même pas ses promesses à la Chambre : le gouvernement du pays par la majorité. On peut s'étonner à juste titre de voir un pays le conserver, et ne pas chercher un remède à tous ses défauts dans une juste représentation.

SECTION V
LES REMÈDES PROPOSÉS

Après avoir avoir vu les défauts du système actuel, il convient d'examiner si, sans faire appel à la représentation proportionnelle, on ne pourrait pas, par de sages réformes, faire disparaître les dangers signalés.

On a maintes fois proposé « de considérer la société dynamiquement et non numériquement, c'est-à-dire de voir en elle une association de forces individuelles de valeur inégale et non pas un troupeau qu'on évalue par tête [1] ». On tiendrait compte des intérêts en *restreignant les suffrages*, ou en créant le *vote plural*. Ou encore « il faudrait diviser la société en *classes* comme au temps de Servius Tullius, avec cette différence pourtant que la richesse ne serait pas le seul élément du pouvoir, et que la science, l'intelligence, la position, les services rendus, l'âge, le caractère, la moralité, l'expérience, tout ce qui peut enfin contribuer à la valeur et à l'importance d'un homme devrait servir à déterminer la valeur du droit de chacun ». Nous ne pensons pas qu'on adopte jamais ce dernier procédé, que son auteur serait bien empêché de formuler en système pratique, pas plus que le vote restreint, qui prive de leur droit les citoyens qui pourtant payent l'impôt du sang, le plus lourd. Le vote plural a peut-être de l'avenir. Tous ces perfectionnements laissent subsister la question : faut-il sacrifier près de la moitié des suffrages et faire de ces bulletins des chiffons de papier sans valeur politique, faut-il au contraire assurer autant que possible la représentation de tous avec ses avantages.

1. James Lorimer, cité par M. Duvergier de Hauranne. Voir aussi Bluntschli, *La politique.*

Un autre genre de perfectionnement serait l'adoption de *circonscriptions uninominales*. « Elles comprendraient à peu près le même nombre d'électeurs unis par la situation géographique du pays, par la communauté de leurs intérêts, de leurs sentiments, par leurs coutumes, leurs traditions ; la délimitation en serait enlevée au gouvernement pour éviter les découpages habiles [1] ». Nous n'aurions point rappelé ce remède, déjà réfuté par avance si certains leaders de la représentation proportionnelle en Angleterre n'avaient déclaré renoncer à leurs projets si on l'adoptait. Sans doute il présente moins de dangers que le scrutin de liste, mais laisse subsister et l'exclusion des minorités dans chaque collège et le danger de voir les décisions prises au Parlement d'une des manières fausses que nous venons d'étudier.

Certains États ont admis des règles tendant à diminuer le désaccord possible entre l'assemblée et le pays. Les États-Unis exigent pour certaines lois une majorité des 2/3 ou des 3/4. Ce système dont l'utilité est contestable a de plus l'inconvénient d'être arbitraire et laisse subsister les défauts dans le pays : injustice, coalitions, etc.

Un remède très prôné est le *scrutin à deux degrés* : il comporterait une sélection ; il éviterait l'entraînement, les passions populaires ; les électeurs du se-

---

1. Bertrand (*Bulletin de législation comparée*, 1873).

cond degré, moins nombreux, déjà choisis comme
mandataires par leurs concitoyens, seraient plus ap-
tes à désigner les représentants les plus instruits,
les plus capables. En réalité il n'apporte de solution
à aucun des dangers énoncés. On lui oppose de plus
un dilemme assez curieux : ou bien les premiers votants donnent un blanc seing à leur élu, ce qui est
extrêmement fâcheux, car alors ils se désintéressent
de l'élection ; celle-ci n'est plus pour eux qu'une opération sans attrait qui ne développe plus autant leurs
facultés, qui nécessite bien moins que le vote direct
l'étude et la connaissance des besoins du pays ; ou
bien ils nomment un individu qui a promis de donner sa voix à leur candidat favori, et alors c'est un
mandat impératif, qui enlève toute utilité au second
degré ; c'est ce qui se produit aux États-Unis pour l'é-
lection du président : lorsque les électeurs présidentiels ont été désignés, on connaît le résultat de leur
vote, le nom du futur président. Nous aurons à étudier cette question à l'occasion des élections du pouvoir exécutif, et nous verrons que ce scrutin, dont
les avantages sont problématiques, peut encore oc-
casionner un danger de plus, celui de confier à la
minorité le choix du député.

Un dernier remède, qui, celui-là, se justifierait par
le principe même de la souveraineté populaire, con-
sisterait à soumettre au peuple les lois votées par les

Assemblées, ou au moins les plus importantes : ce serait une participation directe aux affaires politiques comme dans les temps anciens. Les citoyens voteraient certaines lois, soit dans la forme positive de la *sanction ou de l'acceptation par la majorité des électeurs*, soit dans la forme négative du *veto* [1]. Le referendum est admis en Suisse et aux États-Unis.

En dehors de l'agitation permanente qu'il entretiendrait dans le pays, ce remède a des défauts graves. Les citoyens n'ayant point assisté à la discussion de la loi seraient réduits à décider la question sans la connaître. De plus, la loi n'est pas une chose simple, et le peuple ne comprendrait guère une question complexe et d'un ordre élevé. Enfin beaucoup de questions, comme l'impôt et le service militaire, qui, déplaisant à tous n'en sont pas moins des nécessités sociales, courraient risque de n'être jamais approuvées. Nous pouvons ajouter que les plébiscites que nous avons eus en France et qui tous ont donné d'imposantes majorités au gouvernement ne sont pas de nature à donner une grande autorité à ce mode de sanction.

Ces réserves faites, nous n'hésitons pas à reconnaître que le *referendum* est un remède sérieux ; il est curieux de voir les résultats produits par ce vote populaire en Suisse et le désaccord manifeste qui existe

---

1. Bluntschli : *Théorie générale de l'État*, p. 408.

4

entre le pays et ses élus : en 1882, le peuple refusa de ratifier deux lois, l'une sur la vaccination obligatoire, l'autre sur les brevets d'invention, ainsi qu'un arrêté fédéral sur l'instruction publique. Il en a été de même en 1884 pour quatre lois :

La loi sur la réorganisation des départements de justice et de police a été repoussée par 214,513 non, contre 150,838 oui.

La loi sur les patentes des voyageurs de commerce a été repoussée par 190,549 non, contre 174,132 oui.

La loi revisant le Code pénal a été repoussée par 202,637 non, contre 159,215 oui.

La loi sur l'ambassade à Washington a été repoussée par 219,198 non, contre 136,000 oui [1].

Nous voyons à l'examen de ces divers remèdes qu'aucun ne peut assurer la guérison. Il nous reste notre réforme : celle-ci envoyant à la Chambre un corps de députés choisis par tous les électeurs, image réduite du corps électoral, permet une délibération contradictoire, une décision conforme à la volonté générale du pays.

SECTION VI

EXAMEN DE QUELQUES OBJECTIONS.

Nous avons rencontré, dans le cours de notre

---

1. D'après M. Naville. Voir aussi M. Béchaux : *Le scrutin de liste proportionnel* (page 12), et M. Campagnole.

étude, quelques objections sur lesquelles nous ne reviendrons pas ; mais il en est une fort grave, si elle est sans réponse, que nous allons spécialement examiner.

La représentation proportionnelle rendrait *tout gouvernement impossible* ou au moins fort difficile.

Les auteurs de l'objection se placent au point de vue des décisions que doit rendre le Parlement. A défaut d'une forte majorité à l'Assemblée, on ne peut savoir d'avance dans quel sens une décision sera rendue ; dès lors, le gouvernement est fort empêché de se tracer une ligne de conduite, il est sans force et sans énergie. Bien plus, si l'on est sous un régime parlementaire, les ministères, mis en minorité, se succéderont sans relâche, et à l'Intérieur, comme à l'Extérieur, on aura une politique sans suite, sans principes et sans autorité.

C'est bien ce qui résulte des écrits des partisans du système actuel. « La majorité du pays seule... peut envoyer aux Assemblées une majorité de représentants nécessaire pour que le gouvernement se meuve dans un ordre d'idées nettement défini, condition essentielle de l'efficacité de son action [1] ».

Et ailleurs : « La représentation des minorités, en affectant de ne voir dans chaque question que ses mérites propres, que sa vérité abstraite, en créant

---

1. Bertrand : *Opuscule cité.*

ainsi à chaque instant des majorités de rencontre, en dissolvant les groupes compacts et en prévenant les votes systématiques, est l'anéantissement du régime parlementaire[1] ».

A l'Assemblée nationale même, en 1874, M. Bertauld énonçait cette opinion : « Les amis, les intéressés, les représentants d'une opinion se constitueront à l'état de groupe et porteront leurs suffrages exclusivement sur un de leurs amis, sur un de leurs partisans ». En raison du grand nombre de groupes pouvant prétendre à un représentant, on aura une Assemblée « constituée dans un état d'antagonisme, dans un état presque anarchique, dans un véritable état d'impuissance[2] ».

Tous ces auteurs et d'autres encore[3] feignent de croire que nous voulons faire du Parlement une académie pour y discuter scientifiquement, sans arriver à rien : il s'en faut de beaucoup.

Il est bien certain d'abord que la représentation proportionnelle ne modifie point l'état du pays, ses opinions. Si donc un parti a la majorité dans le pays, il aura la majorité dans le Parlement. Le gouvernement, les ministres seront tranquilles, ils pourront à l'avance escompter les décisions, si cette majorité est bien disciplinée. Elle sera sans doute un peu plus fai-

1. *Le Temps* : 7 juin 1884.
2 Bertrand : *J. off.*, 1874, p. 1181.
3. Fouillée : *Opuscule cité*, p. 178.

ble que sous le régime actuel ; mais, en revanche, le Parlement ne risquera pas d'être en désaccord avec le pays. S'il n'y a que des minorités dans le pays, il n'y aura que des minorités à la Chambre ; quand il y aura une décision à prendre, deux ou plusieurs partis devront se grouper pour obtenir la majorité ; les coalitions se feront dans le Parlement, à propos de décision à prendre, parce que la décision exige un groupement en deux camps : d'une façon toute naturelle, par conséquent. Le talent des hommes politiques sera de voir sur quels points communs pourront se faire ces coalitions, et une fois l'alliance conclue, elle sera stable, car elle se fera au grand jour entre députés ayant un programme et un but définis. Que la loi à adopter soit juste, utile, la majorité sera facile à composer, nous l'avons vu récemment ; dans une chambre ayant mis en tête de son programme « Économie », combien de députés ont-ils refusé un crédit considérable au ministre de la guerre ?

Avec le régime actuel, quand il y a plus de deux partis et aucun en majorité, la coalition se fait dans le pays ; on met sur des listes communes des candidats qui professent les opinions les plus opposées, on obtient des majorités apparentes considérables au Parlement et, au premier vote, elles se dissolvent et refusent leur confiance à un ministère qui pouvait espérer de longs jours.

Ces divisions du pays, mais elles sont de l'essence
du régime représentatif! L'Angleterre, les États-
Unis, l'Espagne nous en offrent l'exemple, ce qui
n'empêche pas ces pays d'adopter une juste représentation ; c'est que les partis ont compris qu'il ne
leur servait à rien de s'abuser sur leurs forces respectives ; c'est aussi qu'ils ont vu que le Parlement était
autre chose qu'un mécanisme de gouvernement, dont
le but était de soutenir le ministère, et que l'on ne
pouvait imposer une loi, un impôt, un service militaire à des millions d'individus qui n'avaient point
été appelés à se prononcer sur ces obligations, ni directement, ni par leurs représentants.

Une seconde objection, également sérieuse, a été
présentée par plusieurs publicistes, parmi lesquels
nous citerons M. Fouillée[1] et M. Jules Dietz[2], et
émise plusieurs fois à la tribune. Il serait bien naïf,
il serait même coupable d'augmenter les difficultés
actuelles, de créer des dangers nouveaux en donnant
une plus grande part de représentation *aux partis inconstitutionnels*. Accorder 30 ou 40 députés de plus
aux minorités hostiles à la République, c'est risquer
de mettre en question la *forme même du gouvernement*.

Faisons remarquer d'abord qu'il s'agit ici d'une

1. *Revue des Deux-Mondes* (1er septembre 1884, p. 117.)
2. *Journal des Débats* (19 décembre 1884).

objection toute d'actualité et toute locale ; que même
de nos jours elle n'infirme en rien la valeur du principe, mais conteste son opportunité ; qu'elle ne s'oppose pas à ce que la réforme électorale soit acceptée
en France, si les périls que l'on nous montre venaient
jamais à disparaître.

Il faut aussi nous demander ce qu'est un parti in-
constitutionnel. Il ne semble pas douteux, dans l'opinion des auteurs que nous citons, que cette expression signifie un parti voulant changer la forme du
gouvernement, car « la forme républicaine du gouvernement ne peut faire l'objet d'une proposition de
revision » [1].

Nous croyons que la représentation exacte de tous
les partis ne peut qu'assurer la stabilité du gouvernement. Tous les partis inconstitutionnels, dûment représentés, deviendraient modestes ; il serait ainsi
prouvé qu'ils sont en minorité dans le pays et cette
circonstance suffirait à empêcher toute conspiration,
à réprimer moralement toute tentative de révolte ; le
gouvernement établi, assuré de l'appui de la majorité
de la nation, aurait une autorité considérable, qui lui
assurerait le respect de ses ennemis eux-mêmes. Si
au contraire dans l'avenir il est jamais démontré que
le pays appartient en majorité à un parti inconstitu-

1. Loi du 25 février 1875, art. 8, § 3, alinéa dernier, revision constitutionnelle votée le 13 août 1884.

tionnel; si par un de ces revirements dont nous avons trop d'exemples, le parti constitutionnel, en majorité aujourd'hui, était en minorité demain, voudrait-il devoir à un procédé artificiel et mensonger une suprématie apparente qui lui conserverait le pouvoir, malgré la volonté de la majorité de la nation ? Le respect de la souveraineté populaire ne l'emporterait-il pas sur une préférence de parti ?

Une dernière objection repose sur la complication et la multitude des systèmes proposés, nous l'étudierons dans le second chapitre et nous y répondrons en exposant ces systèmes.

CHAPITRE II

On reproche aux systèmes de juste représentation leur *complication* ou leur *défaut d'exactitude*. Nous allons voir que cette complication est plus apparente que réelle, l'habitude ne les a pas encore rendus familiers ; nous pouvons remarquer qu'il faut que le rôle de l'électeur soit simple, que le système se comprenne facilement, et que le contrôle des opérations électorales soit possible ; le bureau chargé du dépouillement aurait un peu plus de peine que le mal ne serait pas grand, les choses les plus simples ne sont pas toujours les meilleures, un chemin de fer est moins simple qu'un chariot, un palais plus compliqué que la hutte d'un Arabe nomade, et cependant on n'accorde pas la préférence au chariot, à la hutte, à moins que l'état du pays ne l'exige. De même si la culture intellectuelle de l'électeur exige de la simplicité dans les premiers essais de représentation proportionnelle, des

étapes successives, il n'en est pas moins utile de connaître le but à atteindre et les meilleurs moyens d'y
parvenir, sauf à choisir d'abord la hutte, si on ne
trouve pas d'ouvriers pour le palais.

Beaucoup de ces systèmes n'assurent pas une juste
et exacte représentation ; quelques-uns n'y visent
même pas, ils cherchent seulement à éviter l'oppression totale des minorités. D'autres au contraire se
proposent ce but, et quelques-uns sont bien près d'y
atteindre.

La représentation peut-elle être absolument exacte,
nous ne le croyons pas. L'idéal serait le suivant : des
groupes, comprenant un nombre égal d'électeurs unanimes, et nommant chacun un député, ou encore des
partis comprenant chacun un nombre exact de ces
groupes et nommant chacun autant de députés qu'ils
contiennent de groupes.

Le nombre d'électeurs composant chaque groupe
est appelé *unité électorale* ou *quotient*. Il s'obtient en
divisant le nombre des électeurs par celui des députés
à élire, dans un collège donné : on obtient ainsi un
quotient, une *unité théorique*, connue même avant
l'élection. Le *quotient exact* n'est obtenu qu'après
l'élection : c'est le résultat de la division des votants
par le nombre de députés à élire, toujours dans un
collège donné.

Qu'il y ait un collège unique ou plusieurs grandes

circonscriptions, une *première cause* très fréquente s'opposera à l'*exactitude absolue* de la représentation. La plupart des électeurs s'étant formés en groupes égaux à l'unité électorale, et ayant désigné des députés, il en restera un certain nombre, une ou plusieurs fois le quotient, qui auront porté leurs voix sur un certain nombre de députés sans accorder à aucun d'eux le nombre de voix nécessaire : le quotient étant 1,000, 3,000 électeurs ont donné 900 voix à un tory, 800 à un whig, 700 à un radical, 600 à un séparatiste. Il y a trois députés à nommer, aucun n'a obtenu le nombre de voix demandé ; il faudra bien que l'un des groupes de votants n'ait pas de représentant. Supposons que ce soient les séparatistes : voilà 600 électeurs sans représentant ; si dans le collège 1,000 autres ont déjà élu un député, le parti n'aura qu'un député pour 1,600 votants ; si 1,000 radicaux ont également désigné un élu, et que les 700 en obtiennent un autre, les radicaux auront 2 élus pour 1,700 voix, 1 pour 850. Il y a inégalité ; cette inégalité sera d'autant plus fréquente qu'il y aura plus de partis en présence, et d'autant plus grande que les collèges seront plus petits.

La *seconde cause d'inexactitude* ne se présente que dans le cas où le pays est divisé en plusieurs circonscriptions. Il y aura un quotient distinct pour chaque circonscription ; chacune d'elles en effet ne contiendra pas un nombre exact de fois l'unité électorale. Si l'on

ne tient pas compte de la fraction qui dépasse l'unité,
le quotient est plus fort dans ce collège ; si on accorde
un député à la fraction, le quotient est plus faible ;
dans les deux cas l'uniformité du quotient est rompue.
Supposons que le quotient soit 1,000 : le collège contient 2,400 électeurs : s'il nomme 2 députés le quotient
sera 1,200 ; s'il en nomme 3, ce sera 800. Plus les
collèges sont étendus, moins grande est l'inexactitude.

50,001 élect. nomment 51 députés, 1 pour 980 élect.
10,001   —   11   —   1 — 909 —
1,001   —   2   —   1. — 500 —

Les systèmes devront tenir compte de ces causes
d'erreur, ils ne pourront les supprimer, elles font partie de ce « mal nécessaire » qui est dans le monde, de
l'imperfectibilité humaine.

Les remarques que nous venons de faire donnent
un grand avantage théorique au collège unique ; pour
des raisons pratiques, on ne l'a cependant adopté nulle
part d'une façon exclusive. Nous voyons cependant la
Caroline l'essayer en 1834 ; l'Espagne et le Portugal
l'admettent actuellement en partie.

Ces préliminaires posés, nous étudierons les systèmes que nous diviserons en deux groupes : 1° systèmes
visant à une juste représentation des électeurs ;
2° systèmes recherchant une juste représentation des

partis. (Dans les deux cas les collèges sont plurinominaux.)

SECTION PREMIÈRE

REPRÉSENTATION PERSONNELLE

Chaque électeur en principe peut contribuer à l'é-
lection d'un représentant seulement.

Le système le plus simple est le suivant : chaque
électeur inscrira un nom sur son bulletin. Les 100
candidats qui auront obtenu le plus de suffrages seront élus. On voit immédiatement un double défaut :
des voix accumulées inutilement sur certains candidats populaires, des voix accordées à un 100°, 101°,
102°, etc. candidat : toutes voix perdues.

Fait-on intervenir la notion du QUOTIENT, on peut
décider que les députés siégeront à la Chambre avec
autant de voix qu'ils auront obtenu de fois le quotient;
alors ce sont les élus qui ont une autorité différente.

On peut utiliser le quotient d'autre façon : « chaque électeur met un nom sur son bulletin, les candidats qui ont obtenu le quotient sont élus ». Ce système
commence à établir l'égalité, mais il présente les inconvénients que nous avons signalés pour le premier,
voix superflues, voix inutiles ! De plus le nombre des
députés est mobile, sans raison.

Pour utiliser ces voix en gardant la notion du quotient, il y a le procédé du TRANSFERT DES VOIX : les voix superflues et inutiles sont réunies sur la tête de candidats et forment l'emploi utile des votes, l'égalité entre électeurs, entre élus.

Ce transfert on peut le confier *aux candidats :* chacun publierait avant l'élection la liste des candidats auxquels il transférerait les voix inutiles ou superflues qu'il obtiendrait, par ordre de préférence.

On peut aussi le *confier à l'électeur* lui-même : les électeurs mettent sur leur bulletin le nom de leur candidat favori, et à la suite par ordre de préférence ceux d'autres candidats. Le bulletin ne servirait toujours qu'à un seul candidat, mais si le premier inscrit était déjà élu au moment du dépouillement du bulletin, celui-ci servirait au moins à l'élection du second et ainsi de suite.

Nous avons ainsi un certain nombre de systèmes : celui de la simple pluralité avec ou sans fixation d'un minimum, les modifications proposées par MM. le duc d'Ayen et Boutmy ; le système du transfert des voix de M. Walter Baily, et celui du transfert des voix au choix des électeurs ou de la liste de préférence de MM. Andræ et Hare.

§ 1er. — **Simple pluralité** (*Avec ou sans minimum*)

Historique [1]. En 1793, Condorcet recommandait ce

---

1. Genala : *Liberta e equivalenza*, p. 10. — Baron d'Ourèm : *Représentation proportionnelle au Brésil.* p. 158.

système pour l'élection des jurés, dans son *Plan de Constitution* [1].

En 1835, la Constituante de la Caroline du Nord était nommée avec ce système, l'État formant un collège unique plurinominal.

En 1849, M. Émile de Girardin traitait cette question dans le tome VIII de ses *Questions de mon temps*, et il défendait de nouveau le système du collège unique et du bulletin uninominal en 1874.

En 1852, M. Mackay étudiait cette question dans la *Revue d'Édimbourg* (janvier).

En 1867, M. Boutmy proposait, dans la *Liberté* (21 août), un perfectionnement.

En 1869, M. Merchant proposait le système en Angleterre, avec des collèges à 7 députés.

En 1870, le duc d'Ayen le demandait pour la France, avec un collège à 2 députés.

En 1873, il était l'objet d'une proposition de loi au Brésil (Correia de Oliveira, député et ministre).

En 1878, il était adopté pour l'Espagne pour 10 députés, avec minimum de 1,000 voix.

---

1. *Projet de constitution française*, titre X, section II, art. 9. Le tableau des jurés civils de chaque département sera formé de la manière suivante : 1º Dans chaque assemblée primaire on élira tous les six mois un juré sur 100 citoyens inscrits sur le tableau ; 2º Cette élection sera faite par un seul scrutin, à la simple majorité relative ; 3º Chaque votant... ne portera sur son bulletin qu'un seul individu, quelque soit le nombre des jurés que son assemblée doive nommer.

En 1879-1880, M. Genala le proposait en Italie aux Chambres, avec minimum et second tour.

En 1881, il était admis au Brésil, avec minimum et second tour.

En 1884, il était adopté en Portugal pour 6 députés, avec minimum de 5,000 voix.

Exposé : Les conditions essentielles de ce système sont les suivantes : Le pays forme un collège unique ou des collèges plurinominaux. — Chaque votant porte un seul nom sur son bulletin. — Sont élus les n électeurs ayant obtenu le plus de voix. — Exemple : 5,000 électeurs ont à nommer 5 candidats :

A	1.800	voix	Élu
B	900	—	—
C	700	—	—
D	600	—	—
E	300	—	—
F	250	—	ajourné
G	200	—	—
Divers	250	—	—
Total.	5.000	—	

Avantages. Le système de la pluralité a pour lui une grande simplicité ; le rôle de l'électeur est facile, et cependant le choix fait par lui relève sa dignité et lui donne le sentiment de sa responsabilité. Il réorganise les partis sous l'influence des idées plutôt que

des intérêts, des principes plutôt que des hommes [1] ;
il fait disparaître les influences locales, il assure la
nomination des hommes de valeur du pays. Enfin et
surtout il supprime l'omnipotence des majorités.
Toutes les opinions de quelque importance seraient
représentées ; aucun parti ne pourrait, à moins d'une
majorité écrasante, priver les autres de délégués.

Quelle importance conviendrait-il de donner aux
circonscriptions ? Elles devraient nommer de 10 à
15 députés d'après l'avis général ; M. Merchant proposait 7, M. le duc d'Ayen 2. Ce dernier chiffre paraît insuffisant, car la minorité, pourvu qu'elle eût
quelque importance, arriverait à obtenir la moitié des
élus, ce qui est inadmissible.

L'*aléa* : Ce système n'assure pas la proportionnalité. Sans doute, on conçoit que cinq candidats obtiennent chacun 1,000 voix, mais la pratique a montré, d'accord en cela avec la théorie, que des
candidats très populaires obtiendraient des milliers de
suffrages et siégeraient à côté de collègues qui n'en
auraient pas un millier ; or, la raison nous montre
qu'il ne suffit pas que chaque parti soit représenté,
qu'il faut encore qu'il le soit en proportion de son
importance « parce que dans les assemblées politiques

---

1. Commission spéciale du Brésil, 1873, discussion rapportée par
M. le baron d'Ourèm, p. 143.

5

on compte les votes plus qu'on ne pèse les raisons ».

Ici l'injustice pourrait être grave. La majorité des électeurs n'aurait qu'une minorité de représentants dans certains cas . 100,000 électeurs ayant nommé le même candidat n'auraient qu'une voix à la Chambre, tandis que 50,000 qui auraient divisé leurs voix auraient peut-être 10 candidats. Ainsi, un groupe important n'aurait qu'un représentant, parce qu'un homme célèbre aura concentré sur lui les suffrages, et d'infimes minorités profiteraient de ce groupement et obtiendraient un ou plusieurs sièges. La représentation serait faussée, et les décisions de la Chambre, en désaccord peut-être avec le pays. Ce serait un piège tendu aux électeurs, une revanche de l'oppression des majorités [1].

§ 2. — Fixation d'un minimum.

La fixation d'un minimum, comme en Espagne, au

1. Exemple : 10,000 votants, 10 députés.

CONSERVATEURS		RÉPUBLICAINS		RADICAUX		RÉSULTAT		
6.000		3.000		1 000				
						1er	C	5.000
C	5.000	Re	900	Ra	350	2	Re	900
C'	200	Re'	800	Ra'	350	3	Re'	800
C''	200	Re''	700	Ra''	300	4	Re''	700
C'''	200	Re'''	600	Ra'''		5	Re'''	600
C''''	200	Re''''				6	Ra	350
C'''''	100	Re				7	Ra'	350
C''''''	50	Re				8	Ra''	300
C'''''''	50	Re				9	C'	200
						10	C''	200

Le parti conservateur a trois élus au lieu de six, par suite de l'accumulation des suffrages sur C. Le parti républicain a un député de trop ; le parti radical deux.

Brésil et en Portugal, fait disparaître une partie de ces inconvénients, en écartant les minorités trop faibles. Quand il y a un second tour de scrutin, comme au Brésil, comme M. Genala le proposait pour l'Italie, les partis ont vu leur importance relative, et au second tour obtiennent à peu près chacun leur juste part, de sorte que ce système peut être adopté comme étape, mais ne saurait être regardé comme réalisant une juste représentation. La limite, le minimum est le plus souvent la moitié du quotient, au moins quand il y a un second tour. Dans l'exemple précédent, les 5 premiers candidats seuls seraien, nommés.

§ 3. — Système Boutmy [1].

Le système Boutmy, adopté par la société de réforme de New-York, consiste à donner à chaque député dans le Parlement un nombre de voix proportionnel à celui des suffrages qu'il aurait recueillis. C'est le respect absolu de la volonté des électeurs, c'est aussi la justice, puisqu'il fait intervenir le *quotient* pour le calcul des voix à accorder à chaque député, et procure ainsi une exacte représentation aux électeurs et aux partis ; c'est enfin un système simple. En retour, nous devons remarquer que c'est une innovation qui aura de la peine à s'introduire :

1. *La Liberté* (21 août 1867). Ce système a été adopté par la Société de réforme électorale de New-York. (Naville : *La question électorale en Europe et en Amérique*, page 133).

Non seulement parce que c'est une idée qui ne nous est pas familière, mais parce qu'elle est fort dangereuse. Si un candidat obtenait plus de moitié des suffrages, à lui seul il ferait la loi, ce serait, pour assurer la liberté, risquer de favoriser la dictature. Le cas serait rare sans doute, mais un député qui aurait une partie importante des voix serait déjà un danger sérieux, et pareille éventualité empêchera sans doute beaucoup de personnes d'accepter cette combinaison.

§ 4. — Quotient et transfert des voix au choix des candidats.

Historique. Ce système a été proposé par sir Walter Baily, en Angleterre ; il a été étudié en France en 1870 par M. le marquis de Biencourt dans le *Correspondant* ; M. Naville s'en occupe et le propose dans la *Réforme électorale en France* (1871).

Exposé : Chaque électeur met toujours un seul nom sur son bulletin. Le nom des candidats est affiché avant l'élection et chaque candidat publie une liste par ordre de préférence des candidats auxquels il veut transférer les suffrages inutiles ou superflus qu'il obtiendra. Un candidat est élu dès que directement, ou par suite de transfert, il a atteint le quotient.

Avantages. Avec ce système, les voix sont utilisées, le rôle de l'électeur est très simple, l'élection est complète dès le premier tour de scrutin, et les candidats élus le sont par le même nombre de voix.

L'aléa : A côté de ces avantages sérieux, on fait des reproches au système : c'est une élection à deux degrés, puisque les candidats y contribuent largement, et au moins autant que les électeurs désignent les élus. De plus, un résultat injuste peut se produire : il peut se faire que le candidat Pierre, auquel des voix sont transmises par Paul, ait publié dans sa liste des noms d'un autre parti, auxquels pourraient profiter en définitive les voix accordées à Paul : Paul est whig ; sur sa liste de préférence il a mis Pierre en tête, et Pierre a mis sur la sienne le nom d'un tory. Paul qui a 2,000 voix de trop les repasse à Pierre, qui en prend 1,000 et donne les 1,000 autres au tory qui est élu. L'électeur whig se trouverait ainsi voter pour un tory ou inversement. Ce cas serait rare, car d'ordinaire les candidats s'entendraient entre eux ; le plus grave reproche fait au système, est qu'il semblerait plus juste de laisser à l'électeur lui-même le soin de désigner les candidats qu'il préfère.

§ 5. — Quotient et transfert au choix de l'électeur

Ou système Andræ-Hare, ou système des votes éventuels, ou système de la représentation personnelle, ou enfin système du quotient.

Historique : Le système Andræ fut appliqué dès 1855, en Danemark ; son inventeur, ministre des finances, le fit insérer dans le projet de constitution, et il fut adopté sans discussion. Quelques années plus tard, en Angleterre, M. Hare faisait connaître un système presque identique, et M. Stuart Mill en devenait l'apôtre fervent. Ce système a été adopté en Italie par quelques sociétés privées, en Amérique, par l'Université de Harwart (en 1871 ?) ; il existe toujours en Danemark, et donne des résultats satisfaisants.

Exposé : On calcule le quotient à la manière ordinaire. Tout député atteignant le quotient sera proclamé élu : ex. 10,000 votants, 10 députés ; quotient 10,000 : 10 = 1,000. Tout candidat obtenant 1,000 voix sera élu.

Rôle de l'électeur : Le vote de l'électeur ne peut, en principe, servir qu'à un seul candidat. L'électeur mettra en conséquence le nom de son candidat préféré sur son bulletin ; seulement, comme il peut se faire que plus de 1,000 votants en fassent autant, il y aurait des voix perdues, aussi l'électeur inscrira-t-il à la suite (au-dessous) du nom de son candidat favori, celui qu'il préférerait comme représentant, à défaut du premier ; il en inscrira même un troisième, un quatrième, autant enfin qu'il y aura de candidats à élire, car plus de 1,000 votants ont pu désigner le second, le troisième, et chaque électeur a ainsi la chance de contribuer à l'élection d'un représentant qui lui plaise.

Avantages : Chaque *électeur* a toute liberté et son droit n'est limité que par la nécessité de se rencontrer avec 999 autres votants, nécessité inhérente à la

représentation elle-même. Un *parti* de 5,000 électeurs
ne risque plus comme avec la pluralité simple de n'a-
voir qu'un élu. Si les 5,000 électeurs ont tous donné
la préférence à Jean, ils ont désigné Pierre et Jacques,
etc. après lui, pour recueillir les voix superflues.
Chaque *député* sera le représentant d'un corps de
commettants unanimes ; il représentera 1,000 électeurs
qui l'auront choisi entre tous dans le pays ¹, il s'iden-
tifiera avec eux.

Fonctionnement : Le système peut fonctionner avec
un collège unique ou avec de grands collèges : c'est
avec ces circonscriptions à plusieurs députés qu'il est
appliqué en Danemark depuis 1855. Le collège unique
a l'avantage d'offrir pour tout le pays un quotient
unique, plus d'égalité entre électeurs et entre élus ;
en revanche, les complications augmentent : — 1° pour
l'électeur qui n'aura pas une préférence personnelle
pour des centaines de candidats ; — 2° pour le bureau
chargé du dépouillement, dont le rôle sera peut-être
interminable. On a proposé une combinaison qui con-
cilierait tous les intérêts : il y aurait des collèges à
plusieurs députés, tous les députés ayant obtenu le

---

1. Lire les avantages du système dans Stuart-Mill : *Le gouvernement
représentatif* (Traduction Dupont-White, 1862. Guillaumin éditeur,
pp. 167 et suiv.).

Stuart-Mill range ce plan « dans les plus grands progrès qu'on ait
faits jusqu'à présent dans la théorie et la pratique du gouvernement ».

quotient seraient déclarés élus. Seuls les bulletins
inutilisés seraient recensés par un bureau central.

Rôle du bureau : les bulletins portant la liste de
préférence des électeurs, seront dépouillés un à un.
On ne comptera que le nom inscrit en tête de liste,
jusqu'à ce que ce nom ait obtenu le quotient ; alors
on proclamera élu le candidat, et lorsque son nom se
présentera de nouveau en tête de liste, on le rayera et
on comptera le nom suivant. Si le nom suivant a déjà
obtenu le quotient, on passera au troisième et ainsi
de suite, jusqu'à ce que tous les bulletins aient été
dépouillés.

Élections complémentaires : un certain nombre de
députés ayant obtenu le quotient et étant proclamés
élus, des électeurs, au nombre d'une ou plusieurs
fois le quotient auront réparti leurs voix entre trop de
candidats, de sorte qu'aucun n'aura le nombre de
suffrages exigé pour être élu. 10,000 votants, 10 candidats ; quotient 1,000.

parti tory 5,700		parti whig 4,300
1er A 1000		1er A' 1000
2e B 1000	»	2e B' 1000
3e C 1000	»	3e C' 1000
4e D 1000	»	4e D' 1000
5e E 1000	»	5e E' 300
6e F 700	»	6e F' 0
		7e G' 0

M. Hare complète du premier coup l'élection en déclarant élus à la majorité relative les candidats qui n'ont pas atteint le quotient, jusqu'à concurrence du chiffre de députés restant à élire : ici F avec 700 voix.

M. Andræ, dans la loi de 1865 art. 24, décide de même, mais exige que ces candidats aient atteint la moitié du quotient : 500 voix dans notre exemple, or F qui en a 700 serait élu.

Si, à cause de ce minimum, le chiffre de députés n'est pas atteint, il abandonne le système de représentation proportionnelle et de vote uninominal ; il décide que l'on prendra autant de candidats inscrits en tête de listes (les élus étant rayés) qu'il en reste à nommer, et que la majorité relative suffira.

1.000 Votants ; 10 Députés ; Quotient 1.000.

1er Parti 3.800	2e Parti 2.450	3e Parti 2,400	4e Parti 1.350
A 1.000 élu	A 1.000 élu	A" 1.000 élu	A"' 1.000 élu
B — —	B' — —	B" — —	B"' 350
C — —	C' 450	C" 400	
D 800			
E			
F			

8 candidats ont obtenu le quotient et sont proclamés élus, Hare déclare élu D et C' avec 800 et 450 voix.

Andræ déclare élu D qui a plus de 500 voix, 1/2 quotient. On prendra le premier des noms restant sur chaque liste, et le candidat qui aura été porté sur le plus de listes sera nommé (vraisemblablement E).

L'aléa: chaque parti a fait par hypothèse une liste que tous ses membres ont remise, de sorte que les députés de chaque parti sont rangés dans le même ordre sur les bulletins. Le résultat est presque absolument proportionnel (exemple précédent). Sans doute il y aura des candidats nommés à une majorité relative, mais chaque parti aura eu d'abord autant de représentants qu'il aura obtenu de fois le quotient.

Il n'y a point injustice à ce que l'on proclame un nom porté sur 1,000 listes seulement et qu'un autre porté sur plusieurs milliers (F par exemple) ne soit pas nommé : un des partis a fait passer les candidats auxquels il avait droit, 3 par exemple, en leur donnant à chacun le quotient, puis il a porté Paul en quatrième ligne et Pierre en cinquième sur ses 3,000 bulletins. Un second parti a donné ses 1,000 voix à Jean qui est élu. Le résultat est parfaitement juste et équitable : le premier parti a fait passer les candidats auxquels il avait droit, le second fait passer le sien, ce qui ne contrarie en rien la théorie, au contraire. Pierre et Paul n'ont été mis sur la liste que pour le cas où les membres du parti auraient été plus nombreux : 5,000 par exemple, pour éviter les pertes de voix.

Une seule difficulté se présente : un candidat est mis par deux partis sur deux listes et obtient le quotient, à quel parti comptera-t-il ? Il y a 5,000 votants, 5 députés à nommer, le quotient est 1,000.

	1° 3.000	2° 1.000	3° 1.000
A	1.000 élu	M	M
B	1.000 —	B'	B''
C	1.000 —	C'	C''

Suivant l'ordre du dépouillement, M prendra mille voix à la deuxième liste et B'' sera nommé, ou il prendra 1,000 voix à la troisième et B' sera nommé, ou un certain nombre de voix à chacune, et B' ou B'' sera nommé.

Le mal n'est pas grand : si les deux partis ont à peu près la même nuance ce qui est probable, B' et B'' sont sans doute d'opinions bien connexes. S'agit-il de deux partis ennemis, ils ont pu prévoir le danger, avertir leurs membres. Si ceux-ci n'ont point écouté, c'est qu'ils préféraient l'élection de M à celle d'un membre de leur parti, que leur volonté soit faite !

Supposons maintenant des électeurs très indépendants, et modifiant à leur guise l'ordre des candidats sur la liste :

Dans un parti donné, cette liberté peut faire nommer un député préféré par des électeurs à un autre préféré par beaucoup plus d'électeurs. Exemple :

5,000 électeurs, 5 députés quotient 1,000

1° A	2° a	3° a	4° a	5° a
b	B	b	b	b
c	c	C	c	c
d	d	d	D	d
e	e	e	e	F

F préféré par 1,000 électeurs sera nommé et e, préféré par 4,000, ne le sera pas.

Nous ne saurions nous affliger beaucoup de ce résultat, car il s'agit de candidats du même parti et quel que soit celui qui sera nommé, les électeurs auront toujours un représentant de leur choix et de leur parti.

Si nous supposons en second lieu que les membres de plusieurs partis ont agi à leur guise, ont mis les mêmes noms mais dans un ordre quelconque, la proportionnalité disparaît : prenons un exemple.

5,000 votants ÷ 5 députés ÷ quotient 1,000

1er parti 2,500 voix. 5 listes de 500 voix.

1er A	2e B	3e C	4e D	5e E
B	C	D	E	A
C	D	E	A	B
D	E	A	B	C
E	A	B	C	D

Chacun des candidats obtient 500 voix.

2me parti 2,500 voix. 4 listes de 625 voix.

1er H	2e H	3e H	4e H
I	J	K	L
J	K	L	I
K	L	I	J
L	L	J	K

1° H prend $\left(\frac{1,000}{4}\right)$ 250 voix à chaque liste, les 4 autres candidats ont chacun (625-250) 375 voix. H est
élu avec quatre candidats du 1ᵉʳ parti;

2° H prend ses 1,000 voix dans les 2 premières
listes. H est nommé avec 1,000 voix, K et L avec 650,
A et B du 1ᵉʳ parti avec 500, I et J obtiennent 125 voix
chacun;

3° H opte pour un autre collège. Les 4 candidats
de la 2ᵉ liste sont nommés avec 650 voix, A du
1ᵉʳ parti avec 500.

On pourrait varier ces combinaisons à l'infini et obtenir les résultats les plus singuliers.

Il semble difficile d'admettre la réponse faite par
M. Andræ [1]. « La terre entière fut-elle partagée en
circonscriptions votant pour trois députés, et y eût-il
eu une élection depuis la création du monde et encore pendant une durée 1,000 fois plus considérable,
il serait mathématiquement improbable que le fait se
produisît une seule fois. » M. Andræ devait répondre à
une de ces hypothèses, en particulier, car l'ordre
dans lequel les électeurs rangent les candidats, ainsi
que l'ordre, réglé par le hasard, d'après lequel les
bulletins sortent de l'urne semblent des facteurs trop
importants pour produire un si petit effet.

Il ne faut pas exagérer ces dangers toutefois: les

---

1. Rapportée par M. Dareste (*Revue de législation comparée*, février
1885, p. 160).

partis peuvent les prévoir et les éviter; en pratique
ils feront des listes que les électeurs mettront dans
l'urne sans les modifier, et les « panacheurs » n'auront pas grande action. Il faudra de la part des électeurs une certaine discipline, c'est en quoi ce système
se rapproche des systèmes de scrutin de liste que
nous allons étudier.

Quelques autres *reproches* ont été adressés à ce
système : il serait extrêmement compliqué ; il abou-
tirait à faire représenter des idées très spéciales, des
coteries. Très compliqué, avec un collège unique ce
serait probable, car les listes seraient interminables,
le rôle de l'électeur deviendrait difficile car il n'a pas
de préférence personnelle pour plusieurs centaines de
candidats ; le bureau unique n'en finirait plus. Avec de
grandes circonscriptions il vise moins à l'exactitude
absolue, c'est vrai, mais il devient simple et facile et
donne une satisfaction suffisante au besoin de justice.

Quant à représenter des coteries, nous venons de
voir que le rôle des partis, l'influence de la discipline
y sont considérables, ce qui se concilie mal avec l'objection.

Le vice commun de tous les systèmes que nous venons d'énumérer est leur impuissance en cas de renouvellement partiel: décès, démission; aucun n'assure une juste représentation dans ce cas.

SECTION II

REPRÉSENTATION PROPORTIONNELLE DES PARTIS. — LE SCRUTIN DE LISTE

Chaque électeur met sur son bulletin un certain nombre de noms ; son suffrage compte à plusieurs des candidats dont il met le nom sur son bulletin : tels sont les points essentiels du scrutin de liste.

L'électeur est considéré comme membre d'un parti, il contribue à l'élection de tous les représentants de ce parti. Dans ces conditions on conçoit que *la liste des candidats soit préparée d'avance,* soit par les électeurs du parti dans des réunions préparatoires, soit par un comité désigné par ces mêmes électeurs ou constitué d'office à défaut de cette votation. L'électeur mettra la liste dans l'urne au jour de l'élection [1].

Tel qu'il est pratiqué en France le scrutin de liste assure la nomination de tous les élus d'un collège par la majorité absolue au premier tour, relative au second ; les minorités n'ont aucun représentant.

Deux systèmes se proposent d'assurer aux minorités une part de représentation, on les a qualifiés d'empiriques parce qu'ils fixent cette part d'avance et ne

1. Sur l'action des « panacheurs », lire avec soin une remarquable notice de la Société de Genève, reproduite par M. Naville dans la *Réforme électorale en France*.

visent pas à assurer une représentation proportionnelle des partis. Ce sont :

Le système du vote limité.

Le système du vote cumulatif.

Le scrutin de liste limité.

Historique [1]. Le vote limité avait été admis pour la formation des bureaux des assemblées primaires dans le projet de constitution présenté à la Convention dans les séances des 15 et 16 février 1793 (titre III, art. I, III, IV [2]). M. Praed le proposait en 1831 à la Cham-

---

1. Condorcet (*Œuvres*, édition de Paris 1804, tome XVIII, p. 285). — MM. Genala (*Liberta e equivalenza*, p. 83). — Baron d'Ourèm (*Bulletin de leg. comp.*, février 1887). — Arnarmé et Lebon (1er *Bulletin de la Soc. de Rep. proport.*). — M. Campagnole, p. 140, et auparavant M. Naville, *Revue de l'association réformiste de Belgique* (III, 1884, pp. 222 et 223), disent que Condorcet proposait le vote limité pour le choix des membres du pouvoir exécutif, dans ce projet de constitution de 1793. Or, je trouve (titre V, section II, art. 2 confirmé par l'art 21) « Chaque membre du conseil sera nommé par un scrutin séparé ».

2. Condorcet : *Œuvres*, édition 1847, tome XII, p. 427, art. III : « On procédera dans chaque assemblée primaire à la nomination d'un bureau composé d'autant de membres qu'il y aura de fois 50 citoyens inscrits ».

Les assemblées devant contenir de 450 à 900 membres (art. I) les membres du bureau seront au nombre de 9 à 18.

Art. IV. « Cette élection se fera par un seul scrutin et à la simple pluralité des suffrages ; chaque votant ne portera que deux personnes sur son bulletin, quel que soit le nombre des membres qui doivent former le bureau ». M. de la Sicotière nous dit (*J. Officiel* 28 mai 1875, .p. 3792 en note) que Condorcet n'était que le rapporteur de la commission quoique on ait fait figurer le rapport dans ses œuvres. Il

bre des Communes en Angleterre [1]; M. G. L. Craik
(professeur d'histoire au « Queen's Collège » de Bel-
fast), le faisait connaître en 1836 dans le « Companion
to the newspaper » [2]. La même année M. Grey le proposait à la Chambre des Lords, à propos de la loi sur les
municipalités irlandaises. — En 1854, lord Russell,
ministre, l'insérait sans succès dans son bill électoral [3]. Quelques années plus tard il était demandé aux
États-Unis à maintes reprises, en Angleterre en 1867,
où lord Cairns le proposait à la Chambre des Lords.
M. Carteret le fit connaître à Genève, ainsi que de nombreux publicistes en France. En 1873, M. de Tillancourt le proposait pour la nomination des comités et
bureaux de l'assemblée et en 1874, M. de la Sicotière
l'étudiait dans son rapport.

Il a été *adopté* depuis 1861 à Malte pour l'élection du
conseil législatif, en *Angleterre* de 1867 à 1885 pour
une partie des membres de la Chambre des Communes ; pour la constituante de *New-York* en 1867, pour
celle de *Pensylvanie* en 1872, pour les Chambres

avait dù l'inspirer beaucoup si l'on se souvient que dans son tome VIII,
éd. 1847, sur les assemblées provinciales et dans sa note 1, tome VIII,
il s'était soigneusement occupé de ces questions d'élection.

1. 5. Arnauné et Lebon : *Opuscule cité.*

2. De Laveleye : *Essai sur les formes de gouvernement dans les sociétés modernes,* p. 128, et Gigon : *Journal des économistes,* janvier 1874,
p. 63.

3. Pour le détail des adoptions, se reporter au chapitre de *Législation
comparée.*

basses, au *Brésil* de 1875 à 1881, en *Espagne* depuis 1878, en *Italie* partiellement depuis 1882, en *Portugal* depuis 1884. — On l'a admis également pour la nomination des *bureaux électoraux*, dès 1839 en Pensylvanie ; 1842 à New-York ; 1855 au Brésil ; pour la nomination des *conseils administratifs*, en 1872 à Chambersburg, 1873 en Pensylvanie, de 1875 à 1881 au Brésil, en 1884 dans l'Ohio ; pour les *conseils d'école*, en 1854 à l'université d'Oxford, en 1871 à Philadelphie et dans d'autres villes ; pour *l'élection des juges* en 1867, à New-York, en Pensylvanie et dans l'Illinois ; en 1869 dans le canton de Vaud (Suisse) ; étendu aux juges de police en 1873 en Pensylvanie, en 1884 dans l'Ohio ; adopté en 1880 en Portugal pour la commission de vérification des pouvoirs.

Exposé : Le vote limité est ainsi appelé parce que chaque électeur ne peut porter sur la liste qu'une partie du nombre des candidats à élire. « Les électeurs voteront pour les 2/3 des députés à élire ».

C'est en général 1/3 des représentants que l'on réserve à la minorité. Il arrive aussi que c'est 1/4 ou 1/5, quand il y a quatre ou cinq députés à élire.

En principe le pays serait divisé en circonscriptions nommant 3 députés (ou un multiple de 3). Chaque électeur mettrait 2 noms sur sa liste (ou 2/3 des noms). La majorité ferait ainsi passer 2 candidats, la mino-

rité 1. Ex. : 3,000 votants, 3 députés: 2 partis 1,800
et 1,200. A et B candidats du premier parti sont élus
avec 1,800 voix chacun ; l'un des candidats du second
parti, C, est nommé avec 1,200 voix.

Avantages : Les minorités locales obtiendraient
ainsi un tiers des représentants: plus d'ostracisme, le
principe d'injustice est abandonné, la lutte est moins
violente, la défaite, partielle seulement, est moins
amère. Dans la Chambre, les minorités seraient représentées, toutes les opinions seraient discutées, le
niveau s'élèverait parce que les hommes de talent de
tous les partis se trouveraient réunis.

L'aléa : A côté de ces avantages sérieux, on voit pas
mal de défauts.

Indépendamment de la difficulté de constituer des
collèges à 3 députés, ou de prendre le tiers de certains chiffres, on peut remarquer que la représentation
n'est pas proportionnelle. On fait arbitrairement la
part de la minorité 1/3, cette part sera trop forte ou
trop faible selon la répartion des partis dans les collèges.

Il ne peut y avoir que deux partis, comme dans le
système actuel : majorité et minorité, la nécessité des
coalitions subsiste donc avec toutes ses conséquences.

Pour que la minorité soit assurée d'avoir un représentant sur trois, il faut qu'elle atteigne les 2/5 des
votants, sinon une manœuvre facile à comprendre

assurera les trois élus à la majorité : celle-ci fera trois listes sur chacune desquelles elle portera deux noms.

Sur la première Pierre et Paul.

Sur la deuxième Paul et Jean.

Sur la troisième Jean et Pierre.

Si la majorité a 6,000 voix, la minorité 3,000, la majorité donnera 2,000 voix à chacune de ses listes ; chacun des candidats aura ainsi 4,000 voix, tandis que la minorité n'en peut donner que 3,000 à chacun de ses candidats : le fait s'est produit en 1868 à Birmingham et Glascow.

Il se peut en sens contraire, mais le cas sera fort rare, que la minorité obtienne plus que sa part de représentation ; elle présente deux candidats à chacun desquels elle donne 3,000 voix ; la majorité se divise en deux fractions votant chacune pour 2 candidats différents. Si elle n'atteint pas les 2/3, les deux candidats de la minorité passent.

Les électeurs devront donc voter docilement, et l'action des comités se fera vivement sentir ; la minorité devra être importante pour être sûre d'obtenir sa part.

En résumé, le système est fort simple, il ne demande pas à l'électeur une éducation politique avancée, le contrôle des opérations est facile, le résultat conforme en général aux prévisions. La plupart des États qui rompent avec les vieux errements adoptent ce système, au moins à titre transitoire.

Le vote cumulatif.

Historique. Le vote libre ou cumulatif est connu
depuis fort longtemps puisque sa première application date de 1853. En France, M. Prévost-Paradol
le demandait dans la *France nouvelle*, 1868. Il était
l'objet de propositions législatives : en 1870 de la part
de M. Léon Say et en 1871 de la part de M. Mortimer-Ternaux au sein de la commission, pour l'élection du conseil municipal de Paris. En 1874 M. Bethmont le faisait adopter par la commission de décentralisation et le rapporteur, comte de Chabrol, le
proposait pour les communes de plus de 10,000 habitants. En 1885 enfin, MM. Bienvenu et Pieyre présentaient des amendements dans le but d'obtenir son
adoption pour la nomination des députés. En juillet 1871, M. Dixon demandait à la Chambre des communes la suppression du vote cumulatif, mais sa
proposition n'était pas même mise aux voix, et le
Times a dit à cette occasion que l'on pouvait discuter
sur le meilleur procédé à adopter pour assurer la représentation proportionnelle, mais que le principe
était désormais hors de discussion.

Le vote cumulatif a été adopté en 1853 au *Cap de
Bonne-Espérance* pour l'élection de la Chambre
Haute, en 1870 par l'*Illinois* pour l'élection de la
Chambre des représentants, en 1872 par l'État de

Déseret pour toutes les élections représentatives, le
Sénat des *États-Unis* l'a voté pour la nomination du
congrès et il ne lui a manqué que trois voix à la
Chambre des représentants. Pour les *élections municipales*, il a été admis dans l'Illinois en 1870, dans la
Pensylvanie en 1871 (rapporté 1873). Le Sénat et la
Chambre des représentants de New-York l'ont adopté
et le *veto* du gouverneur l'a seul empêché d'être mis
à exécution. — Pour *les conseils d'école* il a été appliqué en Angleterre en 1870 et en Écosse en 1872 ;
dans l'Utah. — Pour la nomination des *bureaux de
l'assistance publique* la Pensylvanie l'a admis en 1870
ainsi que la Colombie. — Enfin pour la nomination
des conseils d'administration, *dans les sociétés par
actions*, il a été adopté dans l'Illinois 1872, la Pensylvanie 1873, la Virginie occidentale 1872, le Missouri 1875, l'Ohio 1874 (dans cet État la constitution
n'a pas obtenu la sanction populaire).

Exposé : Chaque électeur a autant de voix qu'il y
a de députés à élire ; il est libre de répartir ses voix
entre les divers candidats ou de les grouper sur un
ou plusieurs d'entre eux. Sont élus les *n* candidats
qui ont obtenu le plus de suffrages. Ex. : 3,000 votants,
3 candidats à élire. Deux partis : l'un de 2,000 votants dispose de 6,000 voix, l'autre de 1,000 votants
dispose de 3,000 voix. Le premier présente deux
candidats à chacun desquels il donne 3,000 voix, le

second un seul auquel il donne également 3,000 voix. Dans cet exemple le résultat est proportionnel, mais si le vote cumulatif peut procurer une juste représentation, il ne l'assure pas.

Avantages : Ce système ne préjuge pas d'avance, comme le précédent, la part de chacun, il ne nécessite pas le groupement en deux camps seulement. Si dans notre exemple précédent il y avait eu trois partis de 1,000 électeurs chacun, ils auraient présenté un candidat par parti, et en lui donnant 3,000 voix auraient assuré son élection. Le système permet à chaque électeur de présenter une liste complète, une liste partielle ou un seul candidat, de témoigner ainsi ses préférences personnelles et tout cela en disposant de ses suffrages.

L'aléa : Le vote cumulatif a aussi ses défauts : un grand nombre de voix sont perdues. En premier lieu elles s'accumuleront sur certains candidats préférés ; en second lieu, elles se disperseront sur plus de candidats qu'il ne doit y avoir d'élus, exemple [1] : à Finsbury (Angleterre) il y avait six membres du Conseil d'école à élire : ont obtenu :

---

1. Donné par M. Naville : *La réforme électorale* en 1874 et 1875 (p. 31).

Tabrun.....   27.858 voix.
Torreus.....   10.766
Rodgers....   8.694
Clarke.....   7.949
Lycett.....   6.133
Hucraft....   5.990
                 ─────────
Total....   67.390

venaient ensuite divers candidats avec 25.573 voix.

Il y avait à peu près 15,500 votants, chacun disposant de 6 voix, pouvant donner plus de 15,000 voix à 6 candidats. Tout le monde aperçoit ici le danger : le parti qui a donné 27,858 voix à Tabrun pourra être insuffisamment représenté puisqu'avec le même nombre de voix un autre parti aura pu obtenir les 4 derniers conseillers (28.768 voix).

Même en supposant que les voix se répartissent également entre les élus, il faudra que chaque parti fasse d'avance le compte de la part qui lui revient, et, s'il présente trop de candidats, il court risque de n'obtenir même pas sa part.

Exemple : 6 députés à nommer.

Radicaux 3.000 : 18.000 v. ; Tories 2.000 : 12.000 v. ; Whigs 1100 : 6.600 v.

2 Candidats $\begin{cases} 9.000 \\ 9.000 \end{cases}$ élus | 4 Candidats $\begin{cases} 3.000 \\ 3.000 \\ 3.000 \\ 3.000 \end{cases}$ élus | 2 Candidats $\begin{cases} 3.300 \\ 3.300 \end{cases}$ élus

Chaque parti aura deux candidats, tandis que la jus-

tice serait : 3, 2, 1. Mais supposons que les radicaux portent 3 candidats : ils seront élus avec 6,000
voix chacun ; les 2 candidats wighs aussi, et les tories au nombre de 2,000 n'auront qu'un représentant.

Même résultat injuste, si l'on suppose une division
dans la majorité, la minorité emporte tous les sièges
ou plus que sa part, mais ce résultat se produit même
avec le système actuel.

En résumé, que l'on accumule trop de voix sur
quelques noms favoris, que l'on disperse les voix sur
un trop grand nombre de candidats, et le parti n'aura
pas sa juste part de représentation.

Cependant les pays qui ont adopté ce procédé en
sont satisfaits, et ce fait n'a rien d'étonnant. Si le
système n'est pas la perfection, il a au moins cet
avantage sur l'élection à la majorité qui est injuste,
sans remède, de pouvoir être mieux appliqué avec
l'expérience ; ses défauts trouvent un remède dans
l'intelligence des chefs de partis et l'exacte discipline
des électeurs. Il marque un progrès évident sur le
chemin de la proportionnalité pour les pays qui le pra-
tiquent.

Le scrutin de liste proportionnel

Les listes concurrentes ou *libre concurrence des listes* ou *liste libre.*

Historique. C'est en Suisse surtout, que ce système

a été approfondi. L'association de Genève le proposait en 1867.

Exposé: Les listes de candidats sont préparées
d'avance soit par un vote préparatoire des électeurs,
soit par le soin des comités. Elles sont faites pour
chaque collège et contiennent autant de noms qu'il y
a de candidats à élire.

Chaque liste doit être présentée par un certain
nombre d'électeurs, dans le but d'en éviter la multiplicité.

Chaque liste doit porter l'indication du parti qui
la présente, ou une lettre, un chiffre, un signe qui la
différentie de celles des autres partis. Le quotient
est compté à la manière ordinaire.

Les électeurs votent pour une liste entière à laquelle il ne leur est pas permis de rien changer.

Exemple: 10,000 votants, 10 candidats, quotient
$\frac{10,000}{10} = 1,000$.

Liste A 6,000 voix, 6 députés.
Liste B 3,000 voix, 3 —
Liste C 1,000 voix, 1 —

Liste A			Liste B			Liste C		
A	6,000	élu	B'	3,000	élu	C	1,000	élu
A'	6,000	—	B''	3,000	—	C'	1,000	ajourné
A''	6,000	—	B'''	3,000	—	C''	1,000	—
A'''	6,000	—	B''''	3,000	aj.			

A''''   6,000 —   B'''' 3,000 —

A'''''   6,000 —

A''''''   6,000 ajourné

A'''''''   6,000 —

Avantages : Le système assure l'élection d'autant de candidats inscrits en tête de la liste d'un parti que ce parti aura obtenu de fois le quotient.

L'aléa : Il n'y a pas d'aléa. On adresse cependant quelques reproches au système : L'électeur devient une machine à déposer les bulletins, autant vaudrait le faire voter sur la couleur du drapeau ; le système porte donc atteinte à sa liberté. Si l'on répond que les listes sont faites par des élections préparatoires, et *l'ordre de préférence* déterminé par ces votes, on ne prouve pas grand'chose, car ces élections sont en général peu fréquentées, et sont une *aggravation des charges des électeurs*.

Il pourra arriver que dans chaque parti les élus soient les candidats d'une minorité du parti. L'exacte représentation, obtenue dans les rapports des divers partis, est rejetée dans les rapports des membres d'un même parti. Le mal n'est pas grand, car le système porte le remède avec lui : tout groupe atteignant le quotient a la faculté de présenter utilement as liste et de mettre en tête son favori. Ce groupe peut aussi imposer son candidat au parti, et le faire mettre en rang utile, en menaçant de faire scission.

Le double vote simultané

Historique. Indiqué en 1866 par M. Fisher de Philadelphie [1], remarquablement exposé par M. Borély en France [2], il a été adopté en 1871 par l'association réformiste de Genève.

Exposé : ce système remédie au manque de liberté pour l'électeur que l'on reproche aux listes concurrentes ; on vote à la fois pour un parti et pour des candidats.

Les listes sont préparées comme dans le précédent système.

Chaque électeur dépose dans l'urne un bulletin contenant : 1° la désignation du parti auquel il appartient, ou de la liste de ce parti ; 2° des noms de candidats, d'après l'ordre de ses préférences, en nombre inférieur à celui des députés à élire (Les 2/3 par exemple, ce chiffre est arbitraire et peut être changé).

Les candidats sont classés dans chaque parti d'après le nombre de suffrages qu'ils ont obtenu dans le parti.

On répartit le chiffre des élus entre les partis proportionnellement au chiffre de bulletins obtenus par chacun d'eux.

1. Fisher : Réforme in our municipal élections (1866 Philadelphie).
2. Borély : Représentation proportionnelle de la majorité et des minorités (Germer-Baillière 1870).

6,000 votants, 6 députés, quotient 1,000, trois partis.

whig 3,000   , tory 2,000   , radical 1,000

A 3,000 élu	A' 2,000 élu	A'' 1,000 élu
B 2,700 élu	B' 1,500 élu	B'' 900
C 2,500 élu	C' 1,400	C'' 800
D 1,700	D' 1,200	D'' 700
E 1,400	E' 1,000	E'' 400
F 700	F' 900	F'' 200

Chaque électeur porte 4 noms sur la liste et les candidats sont classés dans chaque parti comme nous voyons. La liste whig ayant obtenu 3,000 bulletins aura 3 élus, la liste tory 2, la liste radicale 1.

Les électeurs font ainsi l'ordre de préférence entre les candidats de leur parti, mais il ne pourront mettre, sur leur bulletin des noms de l'autre parti; M. Naville en donne la raison : « Il est facile de comprendre que si les électeurs pouvaient donner leurs suffrages à la liste d'un parti et régler l'ordre de préférence de la liste de l'autre parti (c'est ce qui arriverait si les suffrages donnés à un même candidat, sur des listes différentes, pouvaient s'additionner), la porte serait ouverte à des manœuvres déloyales ».

Les électeurs pourront encore, en s'entendant en nombre suffisant, faire inscrire un candidat qui n'aurait pas été porté sur la liste de leur parti.

On peut remarquer que ce vote limité, admis dans chaque parti, assure à peu près l'exacte représentation des grandes nuances du parti ; au reste, rien n'empêche d'admettre, quant à la désignation des candidats dans chaque parti, soit le vote uninominal (simple pluralité), soit un système de transfert, soit la valeur décroissante des suffrages ou le vote cumulatif[1].

Ce système semble appelé à un grand avenir : il suffirait d'introduire, dans la loi française, quelques lignes pour l'appliquer sans changer les habitudes de l'électeur. On pourrait même supprimer la clause de liste incomplète, les électeurs français pratiquant, même de nos jours, avec le système actuel, une sélection qui classe les députés.

Système du libre choix

Les listes étant présentées par les partis, les électeurs voteraient pour les candidats, sans désignation de parti, en mettant sur leurs bulletins n'importe quels candidats.

On ferait ensuite le compte des voix accordées aux candidats de chaque parti, et on répartirait les députés entre les partis proportionnellement au nombre de voix obtenues par les candidats respectifs.

Une difficulté pourrait se présenter au cas où un même député serait présenté par deux partis; le fait, il est vrai, serait rare en pratique et les partis pourraient l'éviter.

1. Adopté par la Société de Rep. Pr. de Genève, le 7 décembre 1875.

Remarques communes à ces trois systèmes.

Le scrutin de liste proportionnel *ne présente* PAS D'ALÉA, ce qui est un avantage immense, le nombre d'adhérents à chaque parti ou le nombre de voix accordées aux candidats des divers partis étant connu, la répartition des députés sera une simple question de calcul élémentaire.

Élections complémentaires. Si les listes contiennent des *fractions de quotient*, ce qui aura lieu presque toujours, l'élection ne serait pas complète si on ne tenait compte que des quotients entiers obtenus par des listes.

Exemple : 10,000 votants, 10 députés, quotient, 1,000. Liste tory, 5,800, liste vhig, 2,700, liste radicale, 1,500. Liste tory, 5 élus + 800, liste whig, 2 élus, plus 700 v., liste radicale, 1 élu + 500 v. Il reste deux députés à nommer, on les accorde aux deux plus fortes fractions de quotient. La liste tory aura 6 élus, la liste whig 3, la liste radicale 1.

Élections de remplacement. Elles seront *inutiles;* quand un député viendra à mourir ou à donner sa démission, il sera remplacé par le candidat qui aura obtenu le plus grand nombre de voix après les élus, sur la liste du parti du député manquant. La composition de l'Assemblée restera identique pendant une législature; on ne tiendra pas compte, il est vrai, de la modification d'opinion qui aura pu se produire chez les électeurs; mais ce résultat n'est-il pas conforme à la volonté de la loi, qui évite les élections trop fréquentes pour ne pas agiter le pays et donner au Parlement de la suite dans les décisions.

Ces systèmes sont-ils proportionnels? D'une façon absolue, non certainement, et cela pour plusieurs raisons. Il n'y a pas unité de quotient, à cause de la multiplicité des circonscriptions électorales. De plus, dans un même collège, les divers partis obtenant d'habitude des fractions de quotient, sont favorisés ou maltraités suivant qu'ils obtiennent ou non un élu pour ces fractions; prenons un exemple :

Deux partis 8,400, 1,600 électeurs, 10 députés, quotient $\frac{8,400 + 1,600}{10} = 1,000$.

1re liste, 8 députés $+ \frac{400}{1,000}$ de quotient.

2me liste, 1 député $+ \frac{600}{1,000}$ de quotient.

La seconde liste ayant la plus forte fraction obtiendra le 10e élu, ce qui lui fera un élu pour 800 voix, tandis que les électeurs de la première liste n'on ont qu'un pour 1,050. Si on leur donnait un élu pour 800 électeurs, ils auraient $\frac{8,400}{800} = > 10$ représentants.

Néanmoins, ils approchent tellement de l'exactitude absolue qu'on peut les accepter comme d'immenses progrès.

Autre manière de compter le quotient, ou

Système du diviseur commun

M. d'Hondt a indiqué un moyen de remédier à l'une des *inégalités* que nous avons signalées : celle que produit entre les divers partis *l'attribution d'un élu aux plus fortes fractions de quotient.*

L'admission du quotient comme chiffre répartiteur donne des résultats parfaits quand chaque parti comprend un nombre exact de fois l'unité électorale. Quand au contraire, il existe des fractions, le parti qui obtient un député pour une fraction est favorisé, peut-être, aux dépens des autres. Au lieu de diviser chaque parti par le quotient, on le divisera par un autre *diviseur*, plus faible que le quotient, qui donnera exactement le nombre de députés à nommer. Reprenons l'exemple donné :

1re liste 8,400 voix, 2e 1,600 voix, 10 députés.

Avec les systèmes proposés, le quotient étant 1,000, la première liste obtient 8 députés, la seconde 1, et le 10e est attribué à la seconde.

Avec le diviseur commun, qui serait ici 933, la première liste obtiendrait 9 élus, la 2e 1 seulement.

On obtient ce *chiffre répartiteur*, ce *commun diviseur* de deux façons, voici la plus simple : On divise le nombre de suffrages accordés à chaque liste par le quotient ordinaire, ce qui d'habitude ne donne pas le

7

nombre des élus accordés au collège : 10,000 votants, 10 députés, quotient 1,000.

1° 3.600 : 1.000	2° 2.850 : 1.000	3° 1.850 : 1.000	4° 1.700 : 1.000
3 élus + 600 v.	2 + 850 v.	1 + 850 v.	1 + 700 v.

7 députés au lieu de 10. C'est l'opération habituelle.

Pour trouver le diviseur commun, diviser les suffrages de chaque liste par un chiffre supérieur de 1 unité au nombre de députés obtenus.

1° 3.600 : 4 = 900. — 2° 2.850 : 3 = 950. — 3° 1.850 : 2 = 925. — 4° 1 700 : 2 = 850.

On range les chiffres ainsi obtenus en ordre décroissant : 950, 925, 900, 850, et l'on prend comme diviseur commun le 1er, le 2e, le 3e, etc., suivant qu'il reste 1, 2, 3 députés ou plus à nommer (Dans notre exemple il en reste 3, nous prendrons 900).

Enfin on divise le nombre de suffrages obtenus par chaque liste par ce diviseur commun, et l'on répartit ainsi entre les partis tous les élus à nommer, sans qu'il y ait à tenir compte des fractions.

1° 3.600 : 900 = 4. — 2° 2.850 : 900 = 3. — 3° 1.850 : 900 = 2. — 4° 1.700 : 900 = 1.

Avec le quotient nous aurions 1re liste 3 élus. 2e 3. 3e 2. 4e 2.

C'est une opération d'arithmétique élémentaire que chacun peut contrôler le crayon à la main. Elle se fait au chef-lieu de département ; les votes seraient recueillis et dépouillés localement comme de nos jours.

Ce procédé vaut-il mieux que celui du quotient ? Ou mieux, *ce commun diviseur est-il un chiffre répartiteur plus exact que le quotient ?*

La raison de douter est la suivante : le quotient électoral est obtenu par la division du nombre des votants par celui des représentants à élire ; son principe est vrai nous l'avons montré déjà. Dès lors quand un nombre d'électeurs égal à une ou plusieurs fois le quotient est représenté, il semble juste, à défaut de quotient complet, d'accorder les candidats restant à élire aux fractions qui approchent le plus du quotient.

A côté de cette considération théorique vient la considération pratique suivante : reprenons notre exemple : 8,400 et 1,600 électeurs, 10 députés, quotient 1,000 ; le diviseur commun est 933, la première liste a 9 élus, la seconde 1. Avec le quotient on avait 8 et 2 députés, 1 député pour 1,050 électeurs dans le premier parti, 1 pour 800 dans le second : *écart 250 voix*. Avec le système d'Hondt, le premier parti aura 1 député pour 933, le second 1 seulement pour 1,600 électeurs, *écart 667 voix*. Le résultat est-il plus juste et les électeurs sont-ils mieux traités ?

On peut faire à ces objections une *réponse qui est satisfaisante*, c'est qu'avec le diviseur commun, unique pour tous les partis, aucun d'entre eux ne peut se plaindre, la justice est la même pour tous : autant de fois vous aurez le diviseur, autant on vous attribuera de candidats à nommer, et ce chiffre se calcule d'une façon abstraite, quelle que soit la couleur des partis. C'est donc un système équitable.

Il peut du reste s'appliquer soit avec les listes concurrentes, le double vote simultané, ou le libre choix des candidats [1].

1. Il ne faut pas du reste s'exagérer la *portée du système d'Hondt*. il ne produira un effet différent de celui des systèmes précédents que sous *deux conditions*. Il faut que *la fraction la plus forte* (et par conséquent le député restant à nommer) *appartienne au parti le moins nombreux* : ex. 8400 et 1600 10 députés. Avec le quotient la première liste a 8 députés, la seconde 2. Avec le système d'Hondt, la première liste a 9 députés, la seconde 1. Si les chiffres avaient été 8,600 et 1400, le résultat dans les deux systèmes aurait été le même. Si l'on prenait plus de deux partis, plus d'un député à nommer, le résultat comme le raisonnement seraient identiques.

Même quand la plus forte fraction appartient au parti le plus faible, pour produire un résultat différent de celui du quotient, il faut encore que *la différence entre les fractions soit peu considérable* ou que la *différence numérique entre les partis soit très forte*. Supposons deux partis 3,300-1700, 5 députés ; avec les deux systèmes le premier aura 3 représentants, le second deux, à plus forte raison si le second avait une fraction de 800, 900 voix au lieu de 700. Il en serait autrement si la différence entre les partis était considérable, le premier ayant 4300, le second 700.

Un second procédé beaucoup plus scientifique est donné par M. d'Hondt.

Pour trouver le *chiffre diviseur*, qui, divisant les chiffres électoraux de chaque liste donne des quotients dont la somme est égale au nombre de candidats à élire, procéder ainsi :

1° Diviser la somme des chiffres électoraux de chaque liste par le nombre de sièges, plus le nombre de listes, moins un.

Exemple, 5 députés à nommer, quatre listes.

| 10,000 | 5,550 | 3,000 | 1,000 |

Opération : $\dfrac{10000 + 5500 + 3000 + 1500}{5 + 4 - 1} = 2,500$

On obtient ainsi un *diviseur minimum* ; toute liste n'atteignant pas ce chiffre n'aura pas de représentant.

Système du vote gradué ou des suffrages décroissants

Nous devons une mention à un système qui est un scrutin de liste, mais ne parle pas de quotient et qui néanmoins est juste et même proportionnel.

Historique: Il fut l'objet d'une communication de M. de Borda à l'Académie des sciences le 16 juin 1780 puis d'un rapport intitulé « mémoire sur les élections par scrutin »[1] en 1781. Quelques années plus tard, Condorcet l'étudiait dans une note insérée à la fin de de son volume sur les assemblées provinciales[2]. M. Hare le préconisa quelque temps, et de nos jours il a été remis en lumière par MM. Brian, Furet[3], Gi-

---

2° On divise le chiffre électoral de chaque liste par 2, 3, 4, etc., jusqu'à ce que l'on arrive à un quotient inférieur au diviseur minimum.

Listes :	10000	5500	3000	1500.
Dont moitié est	5000	2750	1500.	
Dont le tiers est	3333	1833.		
Dont le quart est	2500.			

On cherche dans les quotients obtenus un chiffre supérieur au diviseur minimum, qui, divisant tous les chiffres électoraux des listes, donne la somme de députés voulue. 3000 dans notre exemple sera contenu une fois dans la troisième liste, une fois dans la seconde, trois fois dans la première.

(Voir M. Béchaux, p. 48, 49, 50).

(M. d'Hondt, *op. cité.*

Revue de Belgique.

1. *Histoire de l'Académie des sciences* (1781, p. 657).

2. *Journal des économistes* (juin 1869).

3. » · » » (janv. 1874).

gon [1] en France, et Burnitz et Warrentrapp en Allemagne [2]. Il n'a été à notre connaissance adopté nulle
part.

Exposé : Il repose sur cette présomption que les
électeurs n'ont point la même préférence pour tous
les candidats qu'ils mettent sur leur liste : les noms
seront écrits par l'électeur dans l'ordre de ses préférences.

Il y a 10 noms par exemple. Deux procédés sont
en présence ; on multipliera le premier nom par 10,
le second par 9, etc. ; ou bien on gardera le premier
nom pour 1, le second vaudra $\frac{1}{2}$, le 3 vaudra $\frac{1}{3}$, etc. Sont
élus les 10 candidats qui ont obtenu le plus de suffra-
ges. 10,000 électeurs : 10 députés ; deux partis, 7,000
et 3,000, les électeurs déposent des listes uniformes
portant A, B, C, etc., toujours dans le même ordre.

1er Parti 7.000.				2e Parti 3.000.				Multiplicat.	
1er procédé	ordre	2e procédé	ordre	1er procédé	ordre	2e procédé	ordre	1er procédé	2e procédé
A 70.000	1	7.000	1'	A' 30.000	7	3.000	3'	10	1
B 63.000	2	3.500	2'	B' 27.000	9	1.500	6'	9	1/2
C 56.000	3	2.333	4'	C' 24.000	10	1.000	9'	8	1/3
D 49.000	4	1.750	5'	D' 21.000		750		7	1/4
E 42.000	5	1.400	7'	E' 18.000		600		6	1/5
F 35.000	6	1.166	8'	F' 15.000		500		5	1/6
G 28.000	8	1.000	10'	G' 9.000		428		4	1/7
H 21.000		875		H' 6.000		350		3	1/8

L'ordre seul des élus varie dans ces deux procédés ;
avec le premier procédé, la première liste arrive presque tout entière en tête ; avec le second, les députés

1. Francfûrt, 1863.

2. Condorcet : *Œuvres*, éd. 1847, t. 8.

des deux listes chevauchent. Ce qu'il y a de plus extraordinaire c'est que ce système donne la proportionnalité réclamée par M. d'Hondt, comme on peut le vérifier facilement, les partis auront leur part et cela sans que la loi ait à consacrer leur existence, ce que certains législateurs semblent particulièrement appréhender.

L'aléa : Si les électeurs d'un parti déposent des listes uniformes, la proportionnalité est assurée, sinon, non ! Et l'on pourrait reproduire toutes les hypothèses que nous avons données à propos du système de la liste de préférence au choix de l'électeur (système Andræ-Hare).

SECTION III

IMPERFECTION INÉVITABLE DES SYSTÈMES

La proportionnalité absolue est un idéal irréalisable, mais on peut arriver facilement à accorder aux partis une représentation équitable et à donner des élus de leur choix à la presque totalité des électeurs, à éviter par conséquent l'exclusion de plusieurs millions d'électeurs et à accorder dans chaque collège une part aux minorités.

En France, où l'on aime la simplicité de la législation, on pourrait, pendant quelques années, adopter le *vote limité* pour familiariser les esprits avec une juste représentation ; il a fait ses preuves dans la plu-

part des États représentatifs et ne peut inspirer à la
majorité aucune crainte justifiée ; cependant ce n'est
qu'un pis aller, et nous préférerions de beaucoup voir
adopter *le double vote simultané* qui ne présente aucun
aléa, soit avec le *quotient ordinaire*, soit avec le *diviseur d'Hondt,* si on le trouve assez simple.

Nous écartons les autres systèmes qui occasion-
nent une grande perte de suffrages (simple pluralité,
vote cumulatif), ou encore présentent des dangers sérieux (cumulatif, et peut-être Andræ-Hare, et suffrages décroissants), ou sont trop opposés à nos traditions politiques (Boutmy et transfert au choix des
candidats).

Quant aux systèmes composites, ils peuvent être
excellents, mais nous croyons que, dans l'état de culture intellectuelle de la masse des électeurs, et même
avec une instruction plus avancée, il faut des systèmes
simples, faciles à comprendre et plus faciles encore à
contrôler.

Quel que soit d'ailleurs le système que nous réserve
l'avenir, il sera le bienvenu, car il rompra avec une
institution que nous considérons comme défectueuse
en théorie et mauvaise en pratique, et sera l'adoption du principe de la représentation proportionnelle,
principe de raison, de justice et de vérité !

CHAPITRE III

LÉGISLATION COMPARÉE

Section Ire. Presse. — Publications. — Sociétés d'étude et de propagande. — Section II. Discussions Parlementaires. — Section III. Décisions législatives.

SECTION PREMIÈRE

PRESSE ET PUBLICATIONS. — SOCIÉTÉS

La représentation proportionnelle a été traitée par la presse de tous les États représentatifs ; les journaux les plus importants l'ont approuvée ou critiquée ; le principe est maintenant connu, on n'a plus pour lui cette appréhension que cause une nouveauté, et l'on écrivait récemment dans le *Times* (de Londres), qu'il était hors de toute discussion. De ce grand nombre d'articles, la plupart ont dû nous échapper : nous en citons quelques-uns dans la bibliographie, non seulement dans les journaux politiques, mais encore dans les revues économiques ou scientifiques. Nous renvoyons de même à la bibliographie pour les publications déjà si nombreuses sur la matière, qui nous ont été d'un grand secours. La réforme de la loi électorale a fait plus encore que de susciter des articles ou des ouvrages, elle a amené, dans la plupart des États représentatifs, la création de sociétés d'étude et de propagande pour la représentation proportionnelle.

1865. Genève : Ernest Naville. Amberny. André Alliez. Eugène des Gouttes.

1867. New-York : Simon Sterne, secrétaire.

1868. Londres : président : sir John Lubbock.

Zurich.

1869. Chicago.

Neuchâtel.

1872. Rome : président : Genala, député ; membres..... ; secrétaires : Brunialti et Ferraris.

1875. Lausanne.

Prague.

1877. Berne.

1878. Madrid.

1881. Bruxelles : président : de Smedt ; membres : de Le Court, Anspach, Bernaert (ministre), de Laveleye (prof. à Liège), Deschamps, d'Hondt, Doreye, Hannssens.

1882. Bâle.

1883. Paris : Georges Picot ; membres : M. Vernes, Aubry, Vitet, Beaussire, Boutmy, Bufnoir, F. Daguin, A. Gigot, A. Leroy-Beaulieu, C. Lyon-Caen, Pernolet,

SECTION II
DÉBATS PARLEMENTAIRES

La question de la représentation proportionnelle s'est posée dans presque tous les Parlements; nous étudierons brièvement les discussions les plus importantes, renvoyant pour les autres aux ouvrages spéciaux.

PARLEMENT ANGLAIS [1]

1° *Elections des membres de la Chambre des communes.* — Dès 1831, M. Praed tentait d'obtenir la représentation des minorités dans les collèges à 3 députés « three cornered » ; cette tentative était reprise en 1854 par lord John Russell, dans un projet présenté au nom du cabinet Aberdeen.

En 1867, lors de la discussion du projet de réforme électorale, M. Stuart Mill (30 mai) proposa l'adoption d'un système proportionnel, d'après M. Hare, le système du quotient, avec liste de préférence au choix des électeurs ; M. Lowe demanda deux mois plus tard (4 juillet) le vote cumulatif, destiné également à obtenir une plus juste représentation, mais cet amende-

---

1. Voir l'étude de MM. Arnanné et Lebon sur les débats du parlement anglais. Premier *Bulletin* de la Société pour l'étude de la représentation proportionnelle, ou le *Bulletin* de la Société de législation comparée (1884).

Voir l'étude de M. Franck Chauveau dans le *Bulletin* de législation comparée du 20 mars 1874 (p. 257 et suiv.).

ment fut repoussé par 314 voix contre 173 ; enfin la Chambre des communes accepta par 253 voix contre 204 le vote limité, proposé par lord Cairns à la Chambre des lords et adopté par celle-ci par 142 voix contre 51, à la majorité de 91 voix.

En 1872, la proposition Morisson demandant le système Hare et une nouvelle division du pays en collèges à 3 députés, fut également repoussée.

En 1878, M. Blennerhasset, et surtout M. Courtney, prononcèrent de remarquables discours.

En 1884 [1], lord Gladstone, premier ministre, déposa un bill de réforme portant le nombre des électeurs de 3,000,000 à 5,000,000 ; MM. Blennerhasset, Clarke, Goschen et sir John Lubbock, défendirent les idées nouvelles, spécialement au point de vue de l'Irlande.

En 1885 le *Redistribution Act* a établi le scrutin uninominal, supprimant ainsi le vote limité.

2° *School Boards* [2]. Dans chaque district scolaire, il y a des conseils électifs placés à la tête de l'instruction primaire ; le bill sur l'instruction élémentaire, en 1870, leur confiait le soin de créer les écoles nouvelles dont le besoin se ferait sentir. Lord Fréd. Cavendish proposa le vote cumulatif pour l'élection de ces con-

---

1. Voir M. Béchaux, *op. cité* (p. 24-28).

2. *Annuaire* de législation étrangère, t. I, 26. Arnanné et Lebon, *op. cité*, p. 52 et suiv. — Franck Chauveau, *op. cité.*

seils, M. Gladstone y adhéra, et l'art. 29 de la loi consacra la représentation des minorités. En 1871, une motion de rejet n'eut aucun succès, et en 1872, après une longue discussion, le bill fut étendu à l'Écosse par 162 voix contre 36.

3° *Élections municipales.*

En 1836, à la Chambre des lords, lord Grey suggéra le vote limité, pour l'élection des conseillers en Irlande.

Le 22 avril 1872, à la Chambre des communes, on proposait le vote cumulatif pour l'élection des aldermens élus par le conseil.

En 1874, M. Heygate fit une proposition analogue.

Le 14 juillet 1875, elle fut reproduite et discutée ; M. Heygate indiqua plusieurs remèdes à l'état de choses existant, en particulier le vote cumulatif ; après une discussion nourrie, on tomba d'accord sur ce point que la question n'était pas assez mûre.

ÉTATS-UNIS [1]

Le point de départ du mouvement réformiste aux États-Unis est le discours de M. Thomas Earle à la Constituante de l'État de Pensylvanie, en 1837. Depuis, la représentation proportionnelle a été traitée bien des fois, soit au congrès des États-Unis, soit dans les Chambres des divers États.

1. Voir la remarquable travail de M. Bruwaert (*Bulletin* de législatio comparée, 1884).

Au congrès de 1869, M. Buckalew montra les avantages du vote cumulatif ou libre, mais sa proposition, ne visant que 10 États et non toute l'Union, ne put être mise aux voix.

Le Sénat des États-Unis adopta le vote cumulatif pour la nomination du congrès, et il ne lui a manqué que trois voix à la Chambre des représentants.

L'État de *New-York* adopta le vote limité pour la nomination de sa Constituante en 1867 (loi 29 mars), et pendant huit séances cette Constituante étudia la question. M. Greeley proposait le vote cumulatif, M. Parker le vote limité pour l'élection des députés et des sénateurs, avec des collèges de 3 ou 4 élus.

La proposition Greeley fut repoussée par 93 voix contre 20.

La proposition Parker fut repoussée par 87 voix contre 14.

Dans l'État d'*Illinois*, la Constituante se réunit en 1860; on y proposa le vote limité, le vote cumulatif, le quotient avec transfert au choix des candidats; MM. Hanna, Skinner, Benjamin, Medill, parlèrent pour la représentation proportionnelle. M. Médill restreignit la proposition au vote cumulatif et à l'élection des représentants.

§ 1er repoussé par 49 contre 12
§ 2 .   —   47   —   15
§ 3   —   46   —   17

La Constituante de la *Virginie occidentale*, en 1872, décida que la législature pourrait soumettre au peuple un projet de représentation proportionnelle.

La constitution préliminaire de l'*Utah* (1872) consacre le vote cumulatif.

En *Pensylvanie*, le vote limité fut admis en 1839 et 1867 pour certaines fonctions, et le 21 avril 1872 il fut adopté pour la nomination de la Constituante. MM. Buckalew et Amstrong, malgré leur talent, ne purent faire consacrer par celle-ci le principe de la représentation proportionnelle.

Dans l'*Ohio*, le vote cumulatif fut admis par la Constituante de 1873, mais le projet de constitution ne fut pas ratifié par le peuple.

Le principe de la représentation proportionnelle fut discuté et adopté par un grand nombre d'États de l'union pour les élections administratives, judiciaires, et pour les sociétés par actions.

SUISSE [1]

Dès 1842, M. Hoffmann proposait au Grand Conseil que la Constituante fut nommée d'après les principes de la représentation proportionnelle.

La Constituante de 1842, malgré les brochures de Victor Considérant, n'adopta pas le principe de la

---

1. Voir le *Bulletin* de législation comparée de mai 1885 : Étude de M. Ernest Roguin.

réforme. Celle de 1862 n'accepta pas le système de la
concurrence des listes proposé par MM. Antoine Morin et Bellamy, ni le vote limité demandé par
M. Mayor.

Les propositions se succèdent sans être adoptées :
à Genève, en 1870 ; M. Amédée Roguet, en 1878 ; en
1882, M. Faletti— à Neuchâtel, proposition Philipin ;
en 1869, MM. Jacottet, du Pasquier — dans le Valais,
en 1852 et 1875 — à Zurich ; en 1874, M. de Wyss — à
Bâle, M. Haggenbach-Bischoff, en 1875 — à Lucerne,
la constitution porte qu' « il sera tenu compte, autant
que faire se pourra, des minorités ». Dans le canton
de Vaud seulement, le 22 janvier 1869, on admit le
vote limité pour l'élection des juges.

En 1884, au conseil national, pendant quatre séances, on discuta les principes de la représentation proportionnelle ; enfin, à la demande du conseil fédéral,
l'assemblée décida par 89 voix contre 40, que la motion et les 13 autres propositions qu'elle avait fait
naître, seraient renvoyées au conseil fédéral, avec
prière de présenter un rapport à la prochaine législature [1].

DANEMARK [2]

En 1855, on adoptait presque sans discussion le

1. Pierre Dareste.
2. Béchaux : *op. cité*, p. 28.

système Andræ : quotient avec liste de préférence au choix des électeurs. Le système ne fut appliqué en pratique qu'aux trois circonscriptions du Danemark nommant 7, 7 et 3 députés, en tout 17.

En 1863, le Rigsraad fut divisé en deux Chambres, et le système du quotient ne s'appliqua qu'à l'une d'elles, la Chambre haute, le Landsting. Seulement, il y avait 65 députés à élire répartis entre 15 circonscriptions dont deux seulement, Borholm et les Feroër, uninominales. Il y eut une vive discussion à la Chambre au sujet du système.

En 1867, après la séparation du Sleswig et du Holstein, le Rigsraad réduit au Danemark propre n'avait plus de raison d'être. La représentation proportionnelle fut appliquée à l'élection au second degré de la Chambre Haute du Rigsdag, malgré le Folketing qui désirait lui donner une plus grande extension.

NORWÈGE

En Norwège un projet de loi (système Andræ) présenté en 1883 par M. Saxild, maître de poste, n'a pas abouti ; des raisons spéciales à l'organisation de la haute cour demandent que le Lagthing contienne un grand nombre de représentants de la majorité.

SUÈDE

En 1878, M. Rydin faisait une proposition analogue pour les élections au Riksdag.

ITALIE [1]

La loi électorale du 17 décembre 1860 ne contenait aucune trace de représentation proportionnelle, et exigeait un cens élevé.

En 1873 à l'occasion d'une proposition de M. Cairoli, demandant l'extension du droit de suffrage, un rapport fut présenté, rapport dans lequel la représentation proportionnelle fut introduite à propos des abstentions. M. Lerbi proposa pour les bureaux électoraux le système de la pluralité simple.

En 1882, à la Chambre, du 31 janvier au 7 février; au Sénat du 27 avril au 4 mai, le scrutin de liste et le vote limité furent discutés, et adoptés par la loi du 2 mai. Le vote limité est restreint aux circonscriptions nommant 5 députés : il a parfaitement fonctionné : 8 collèges ont nommé 4 députés de gauche et 1 de droite ; 2 collèges 4 de droite et un de gauche ; 3 collèges 4 de gauche ou centre et 1 radical ; un : 4 radi-

1. Ferdinand Dreyfus, député de Seine-et-Oise, *Bulletin* de législation étrangère, 1882, p. 501 et suiv.
Naville, *La réforme électorale* en 74 et 75, p. 43 et suiv.

eaux et un centre gauche [1], tandis que dans presque tous les autres on voyait se produire des coalitions incroyables.

Dès 1866, M. de Smedt à la Chambre montrait les défauts du système de l'élection à la majorité, il était vivement contredit.

En 1877, M. Pirmez étudiait à la Chambre les divers systèmes propres à assurer un meilleur système représentatif. En 1881 au Sénat, M. Delecourt signalait la question. En 1883 on demandait pour les|minorités l'entrée de la commission du budget.

Enfin, la même année, au Sénat, MM. Surmont de Volsberghe et Lammens appelèrent de leurs vœux la représentation proportionnelle à propos du projet de loi de réforme électorale pour les élections provinciales et communales.

En 1870 l'évêque de Vizeu, premier ministre, proposait le vote uninominal avec quotient ; en 1878 Jose Luciano de Castro proposait le système des listes con-

---

1. Béchaux, p. 30.

2. Max Botton : Étude sur les débats du parlement belge. Deuxième *Bulletin* de la Société pour l'étude de la R. P.

3. De Laneyrie.

currentes pour tous les services administratifs, et le vote limité pour l'élection des députés, en 1880. La même année, la Chambre des Pairs adoptait le vote limité pour la commission de vérification des pouvoirs. En 1882 et 1883 nouvelles tentatives de MM. de Casto, Diaz Ferreira, Fuschini, et enfin le 21 mai 1884 adoption du vote limité et du système de simple pluralité, établis concurremment pour l'élection des députés; le principe lui-même ne fut jamais discuté, il n'y eut de contestation que sur la valeur des divers systèmes.

ESPAGNE

En 1869, la constitution admettait le suffrage universel, la loi du 28 décembre 1878 sur l'élection des députés a admis de nouveau un cens, mais consacre la représentation des minorités, comme plus tard le Portugal, avec le vote limité et le système de simple pluralité admis concurremment.

CAP DE BONNE-ESPÉRANCE

En 1850 fut élaboré le Plan de constitution. En 1853 le vote cumulatif était admis; en 1865 il fut conservé quand on augmenta le nombre des membres du conseil législatif; en 1874 enfin, après 21 ans d'expé-

riences, il fut de nouveau consacré, dans la revision
de la constitution.

GRÈCE [1]

Le ministère Commoundouros, en novembre 1874,
proposa la division de la Grèce en 13 circonscriptions
nommant 14 à 15 députés. On emploirait pour leur
nomination le système de simple pluralité avec un
minimum. Le ministère tomba avant la discussion.
Le 11 août 1875, le Roi recommandait la représentation proportionnelle, dans son discours d'ouverture
aux Chambres. Le ministère Tricoupis allait présenter le projet, quand il tomba à son tour.

BRÉSIL

En 1848 le vote limité était adopté pour la composition des bureaux électoraux, mais ce fut en 1860 seulement que la représentation proportionnelle fit l'objet
de discussions au Parlement, en 1862 le parti pro-
gressiste en avait fait un élément de son programme,
et à partir de 1868 le discours du trône n'a cessé de
recommander la réforme électorale. En 1864 nous
trouvons la proposition Barros-Barreto, restreinte
aux élections municipales et aux juges de paix ; elle
fut reprise en 1866 en vue d'une réforme générale :

1. Naville : *Les progrès de la réforme électorale* en 74 et 75 (p. 11).

le vote uninominal avec minimum et le vote limité y
étaient proposés ; en 1869 eurent lieu les propositions
de Vicente et Cruz Machado : vote limité ; en 1870 le
projet de loi de M. Mendès de Halmeida : scrutin uninominal simple et système Hare ; en 1873, proposition Alencar.

En 1873, le ministre de l'intérieur, M. Correia de
Oliveira présentait un projet de loi portant la pluralité
simple ; un rapport important fut fait à ce sujet. Après
de longues discussions, le vote limité prévalut et fut
consacré dans la loi du 20 octobre 1875. Le résultat
fut trouvé insuffisant, c'est l'effet du vote limité quand
les minorités sont faibles ; aussi en 1881, en même
temps que l'on substituait le vote direct au vote à deux
degrés, on adopta le bulletin uninominal, avec minimum et second tour. Depuis lors la discussion a porté
surtout sur les élections municipales, pour lesquelles
on a proposé divers systèmes.

FRANCE

La France n'a point encore adopté le principe que
nous défendons ; aucune application même partielle
n'en a été faite : nous pouvons seulement remarquer
qu'au Parlement il est de tradition constante d'accorder un ou plusieurs secrétaires à la minorité.

Des propositions nombreuses ont été faites à la

Chambre, à propos des élections des députés, des conseillers municipaux, du bureau, des commissions de
la Chambre. Nous allons citer les propositions par
ordre chronologique, et nous verrons aussi les rapports qui ont été faits, et qui traitent la question à un
point de vue général.

En 1870, M. Léon Say proposait le vote cumulatif
pour les élections au conseil municipal de Paris.

Le 12 avril 1871, la proposition était reprise par
M. Mortimer-Ternaux au sein de la commission, qui
l'acceptait.

En 1873, le 24 juillet, M. Pernolet[1] demandait que
les membres de la commission de permanence fussent nommés à simple pluralité. Chaque député devait porter un seul nom sur son bulletin; pour être
nommé il fallait obtenir 25 voix au moins.

Le 2 décembre nouvelle proposition[2] du même député, relative aux commissions de la Chambre. Elles
seraient nommées en séance publique, au scrutin individuel; chaque député porterait un seul nom sur son
bulletin; pour être élu, il faudrait obtenir 25 voix au
moins. Seraient membres des commissions les 30 députés ayant obtenu le plus de suffrages, ce nombre
pourrait descendre à 25 si 25 seulement avaient obtenu le minimum fixé.

1. *J. Off.*, annexe, 1947.
2. *J. officiel*, 3 janvier 1874 (p. 48; annexe 2,066).

Le 3 décembre, M. Grange [1], pour les mêmes commissions demandait que le vote eût lieu au scrutin de liste dans les bureaux ; ceux-ci étant composés par tirage au sort, la composition de la commission ne serait pas unanime.

Le 4 décembre, M. de Tillancourt [2] proposait le vote limité : dans tous les cas où l'assemblée aurait à nommer une commission au scrutin de liste, chacun des votants devrait n'inscrire sur son bulletin qu'un nombre de noms égal aux 2/3 des commissaires à élire.

Le 26 décembre, M. Pernolet proposait un projet de loi électorale. Le titre III introduisait la représentation proportionnelle. Chaque électeur mettait sur son bulletin un seul nom, puis s'il le voulait, l'indication de son parti (un signe officiel). Sont élus les candidats qui ont obtenu le quotient ; les suffrages superflus sont accordés au candidat du même parti qui a obtenu le plus grand nombre de voix.

En 1874, le 13 février. Propositions de loi relative à l'organisation normale du suffrage universel dans les élections municipales, départementales et nationales, présentées par M. de Rambure [4]. Il y aurait une dou-

---

1. Annexe 2,067.
2. Annexe 2,075.
3. *J. Off.*, 19 janv. 1874, p. 535-539, annexe 2,162.
4. *J. Off.*, 13 janv. 874, p. 2,134, annexe 2,139 *bis*.

ble section de députés, l'une représentant les personnes, l'autre le territoire (première innovation). Nous ne
nous occuperons que de la première section. Il y aurait
plusieurs tours de scrutin. *Au premier tour* : Est électeur, tout Français quel que soit son âge, son sexe ou
sa fortune (Deuxième innovation). Le père, l'époux
ou le tuteur vote au nom de l'enfant, de la femme ou
du pupille. — Le vote est uninominal, chaque électeur porte un seul nom — sont élus ceux qui atteignent
le quotient. — *Au second tour* sont éligibles les candidats en nombre supérieur aux places à remplir (3 à
10 fois suivant l'importance des collèges). — Sont
électeurs les candidats ayant obtenu des voix et n'é-
tant pas éligibles — sont élus ceux qui ont atteint le
quotient. — *Au dernier tour*. Sont éligibles, les éligibles restant ; sont électeurs tous les candidats non
encore nommés ; sont élus les éligibles en nombre
égal aux places à remplir et ayant atteint le quotient.
A cet effet l'électeur ayant le moins de voix vote pour
un de ceux qui le précèdent, puis le second, etc. Ce
système a la plus grande analogie avec celui
du quotient avec transfert au choix des candidats.

Le 7 février, M. Pernolet proposait pour la nomination des membres du bureau de l'assemblée le
vote uninominal avec indication facultative du parti.
Pour les bulletins portant cette indication, il y au-

rait transfert des suffrages dans le même parti [1].

Dans le même mois, M. Paul Bethmont, membre de la commission de décentralisation, y faisait adopter le vote cumulatif pour la nomination des conseils municipaux.

Le 24 février[6] en séance, M. Pernolet apportait une modification à son système pour la nomination du bureau, diminuait le nombre de députés nécessaire pour le scrutin, abandonnait le transfert, demandait le vote sous enveloppe [2].

Le 7 mars, était déposé le rapport supplémentaire fait au nom de la commission de décentralisation par M. le comte de Chabrol [3]. La commission acceptait la proposition Bethmont, en principe. Elle adoptait le vote cumulatif pour les communes au-dessus de 10,000 habitants ; au premier tour de scrutin, les candidats devaient obtenir pour être nommés un nombre de voix égal à la moitié plus un des votants. Si un nombre de candidats égal à celui des conseillers à nommer avait rempli la condition, l'élection était faite. Sinon, tout était considéré comme non avenu et l'élection tout entière recommençait ; au second tour la majorité relative suffisait.

Le 19 juin eut lieu la discussion publique sur ce

1. Annexe 2203.
2. J. Off., 25 février. Annexe n° 2237.
3. J. Off., 14, 16, 17 avril (p. 2781).

rapport [1], la représentation proportionnelle fut étudiée d'une façon tout à fait générale. M. Bertauld développa tous les arguments que l'on peut opposer à la représentation proportionnelle, et, par une analogie singulière avec ce qui se passa en Angleterre lors des premiers débats, il s'éleva avec une grande énergie contre l'idée même d'une modification à apporter au système de la majorité, faisant appel à la loyauté et à l'honnêteté de ses collègues ! (p. 4,181). M. Bethmont lui répondit, mais ne réussit pas à faire repousser l'amendement qui obtint 578 voix contre 26, malgré son adoption par la commission [2].

En 1875 le 1er mars, M. Pernolet reprenait sa proposition pour l'élection des bureaux [3] : le vote uninominal, mais avec un quotient fixe basé sur l'hypothèse qu'il y aurait 700 votants.

Le 19 mars était déposé le rapport, fait au nom de la commission chargée d'examiner les propositions de MM. Pernolet, de Tillancourt et Grange, ayant pour objet de modifier le règlement de l'assemblée nationale relativement au mode de nomination : 1° des commissions de permanence ; 2° des commissions extraordinaires ; 3° des membres du bureau de l'assemblée,

---

1. *J. Off.*, 20 juin (p. 4178-4184).

2. Sur 37 membres de la commission, 3 étaient absents par congé, 10 se sont abstenus, 16 ont voté contre ; seul M. Bethmont a persisté à appuyer le projet de son vote (*J. Off.* 1875, p. 3792).

3. Annexe 2203.

par M. de la Sicotière. Ce rapport qui mériterait à tous égards d'être cité en grande partie contient une étude remarquable des principaux systèmes ; il adopte largement le principe, dans la section II : « ce sont là des idées assez généralement admises aujourd'hui » et plus loin il montre la justice et la raison, la prudence même en conseillant l'application ; on peut après cela s'étonner de voir la commission reculer devant des difficultés pratiques et ne trouver aucun système à peu près satisfaisant.

En novembre la même année, la question se présenta à propos des élections de la Chambre. M. Pernolet parla durant trois séances, les 25, 26, 29 [1], personne ne répondit ; les 25 et 26, il s'agissait d'adopter le scrutin uninominal, avec quotient et signe de ralliement ; chaque collège nommerait plusieurs députés, chaque électeur porterait un seul nom et le signe de son parti. Les suffrages attribués à chaque parti serviraient à déterminer la part proportionnelle de chacun d'eux ; le scrutin d'arrondissement fut adopté. Le 29, la proposition fut restreinte aux arrondissements nommant plusieurs députés : le vote limité leur serait appliqué ; la Chambre n'approuva pas.

En 1880, le 25 novembre, proposition de loi concernant les modifications à introduire dans la loi électo-

1. J. Off., 26, 27, 30 juillet.
2. J. Off., 2 décembre 1880, p. 11,804-11,807.

rale pour que la Chambre des députés soit la représentation exactement proportionnelle des opinions du corps électoral, par M. Cantagrel. L'auteur étudie les systèmes Girardin, Hare et propose le vote au bulletin de ralliement avec une moyenne électorale, système qui présente une grande analogie avec celui de M. d'Hondt.

Quelques jours avant, le 19 juillet, M. Bardoux[1], proposant le scrutin de liste, faisait une étude critique des systèmes de Girardin, Hare, vote limité et cumulatif; il rappelait la législation du Damenark, de l'Angleterre et des États Unis.

Dans son rapport, M. Labuze nous dit que les membres de la commission favorables aux idées de M. Bardoux n'ont fait qu'insister sur ces arguments[2].

En 1885, le 21 mars, à propos de la modification de la loi électorale, M. Courmeaux[3] demande que le principe de la représentation proportionnelle y fût inscrit; il développe les raisons qui militent en sa faveur. Son amendement fut repoussé par 307 voix contre 58.

Le 24 mars, M. Bienvenu présente un amendement demandant le vote cumulatif, mais le retire presque aussitôt, M. Pieyre présente le sien et le défend « per-

---

1. *J. Off.*, 11 novembre, p. 10,940-10,941.
2. *J. Off.*, 16 novembre 1880.
3. *J. Off.*, 22 mars 1885, débats *in extenso*, p. 615, 616, 617.

suadé que, pour qu'une idée fasse son chemin, elle
a besoin d'être souvent remise sur le tapis et d'être
solennellement discutée à la tribune ; l'auteur cite
MM. Jules Simon et Prévost-Paradol, appuie son argumentation sur des chiffres, montre les progrès de la
réforme électorale dans les divers pays du monde :
L'amendement fut repoussé.

La France est ainsi bien en retard, au milieu des
décisions législatives de la plupart des États repre-
sentatifs ; elle est loin dans notre matière de se mettre
à la tête du mouvement ; espérons néanmoins qu'elle
se décidera promptement à suivre l'exemple que lui
donnent les nations qui l'entourent. Nous allons voir
combien est grand le progrès des idées en faveur de
la représentation proportionnelle.

SECTION III
MESURES ADOPTÉES

1835. Nomination de la Constituante de la *Caroline
du Nord* au scrutin uninominal, l'État formant un
collège unique plurinominal, et tout électeur votant
pour son candidat, dans quelque district que celui-ci
se présentât [1].

1839. *Pensylvanie* (Loi 2 juillet). Le vote limité
adopté pour la nomination des bureaux électoraux
(deux surveillants et un juge d'élection).

1842. *New-York:* Vote limité adopté pour la no-

[1]. Bruwaërt.

mination des bureaux électoraux (trois surveillants).

1852. *Malte :* Vote limité consacré pour l'élection du Conseil législatif, celui-ci comprenant 7 membres, chaque bulletin ne devant contenir que quatre noms [1].

1853. *Cap de Bonne-Espérance :* Vote cumulatif, admis pour l'élection de tous les membres du Conseil législatif (Chambre Haute) et pour les élections des quatre députés de la capitale à l'Assemblée législative (Chambre basse). En 1865 et 1874, le nombre des membres du Conseil législatif fut augmenté et le vote cumulatif conservé [2].

1854. *Université d'Oxford :* Vote limité admis pour l'élection de l'Hebdomadal Council.

1855. *Brésil :* Vote limité adopté pour la nomination des bureaux électoraux. Ils se composent de quatre membres, chaque bulletin contiendra deux noms ; les deux candidats qui obtiendront le plus de voix seront secrétaires, les deux suivants, scrutateurs (Loi 19 septembre) [3].

1855. *Danemark :* La constitution du 2 octobre 1855 établissait un Rigsraad composé d'une seule Chambre, en partie seulement élective. Dans les circonscriptions plurinominales, chaque électeur met sur son bulletin une liste de candidats dans l'ordre de ses pré-

---

1. d'Ourèm, p. 119, Dareste, *Les constitutions modernes*, t. II, p. 643.

2. Naville : *Les progrès de la réforme électorale* en 1874 et 1875.

3. Baron d'Ourèm, p. 118.

férences. Le nombre de bulletins divisé par celui des candidats à nommer donne le quotient. Chaque bulletin ne comptera en principe que pour un nom ; à cet effet le président du bureau tire les bulletins de l'urne un à un, et lit le premier nom inscrit sur chacun d'eux. Lorsqu'un candidat a obtenu un nombre de voix égal au quotient, il est élu. Le dépouillement continue, les bulletins utilisés n'entrant plus en ligne de compte, quand le nom d'un candidat déjà élu se présente, on le raye et on prend le suivant. Si, le dépouillement terminé, on n'avait pas obtenu le nombre d'élus nécessaire, on prenait les candidats qui avaient obtenu le plus de voix après eux, et au moins la moitié du quotient. — Si malgré cela il restait des députés à élire, on procédait à la majorité relative en prenant sur chaque bulletin autant de noms qu'il restait de candidats à élire [1]. Ces dispositions furent conservées en 1863 pour la Chambre Haute du Rigsraad, et en 1866 pour la Chambre Haute du Rigsdag [2].

1861. *Ile de Malte :* Vote limité pour l'élection du Conseil de gouvernement [3].

1862. *Nouvelle-Galles du Sud :* Représentation proportionnelle pour toutes les élections.

1. Art. 23, 25 de la loi du 2 octobre 1855, 1867.
2. Dareste : *Constitutions modernes*, t. II, pp. 60, 61.
3. Campagnole, p 140.

1867. *New-York :* Vote limité pour l'élection de
la Constituante. 128 membres étaient nommés au
scrutin de district, à raison de 4 par district, 32 au
scrutin de liste, l'État formant un collège unique et
chaque bulletin ne devant porter que 16 noms [1].

1867. *Angleterre :* Vote limité pour l'élection des
représentants dans les collèges à trois députés et dans
la cité de Londres (en tout 13 collèges). Chaque bulletin ne devait porter que 2/3 des noms des députés
à élire. Ce mode d'élection est encore en vigueur aujourd'hui [2].

Le vote limité a été supprimé en 1885, implicitement, par l'adoption de circonscriptions uninominales. Le 1er décembre 1884 M. Gladstone présenta à la
Chambre des communes un bill pour une nouvelle
répartition des collèges électoraux [3]. La discussion
du *Redistribution bill* fut très calme ; la Chambre des
communes rejeta une proposition tendant à assurer la
représentation des minorités [4]. Le bill est devenu le
Redistribution Act de 1885 ; les articles 8 et 9 spécialement créent les nouvelles circonscriptions électorales qui n'ont plus à nommer qu'un seul député [5].

1. Bruwaert.

2. Arnanné et Lebon.

3. *Revue générale d'administration*, 1884, troisième partie, p. 455 et
suiv.

4. *Revue générale d'administration*, 1885, première partie, p. 453.

5. Texte des art. cités: The Law and practice of registration and
elections....

Cette suppression du vote limité n'a pas été indifférente aux grands politiques anglais. C'est peut-être à elle qu'il faut attribuer la démission d'un membre du ministère, M. Courtney, à la fin de 1886, d'après M. Gladstone lui-même. Celui-ci écrivait au *Scottish-Leader* d'Édimbourg. « Il est difficile de ne pas accorder, au moins jusqu'à plus ample informé, quelque peu de sympathie à une démission qu'on attribue suivant le cas : au désir d'économie publique ; *à celui d'un gouvernement local véritablement représentatif....*[1]. »

1867. *Pensylvanie* : Vote limité pour l'élection des commissaires qui choisissent le jury. Vote limité à 1 nom sur deux commissaires, c'est plutôt le système de simple pluralité (Loi 10 avril).

1867. *New-York* : La Constituante adopta le vote limité pour l'élection des 6 juges assesseurs à la Cour d'appel. Chaque bulletin ne devait porter que quatre noms.

1867. *Illinois* : Vote limité pour l'élection de 3 juges supplémentaires à la Cour d'appel de Chicago. Chaque bulletin devait porter deux noms.

1869. *Canton de Vaud (Suisse)* : Vote limité pour les élections judiciaires : Loi du 22 janvier. Texte :

Appendices statutes, pp. 396, 397, 1885, London, Horace Cox.
Traduction : *Bulletin* de législation étrangère, 1886, p. 48.
Ernest Passez : *Bulletin* de législation comparée, 1887, p. 280.
1. *Journal des Débats*, 5 janvier 1887.

« Les candidats judiciaires sont nommés au scrutin de liste à la majorité relative d'au moins le quart des votants ; au premier tour de scrutin l'électeur ne peut porter sur son bulletin que la moitié du nombre des candidats à élire ».

1870. *Bloomsbourg (Pensylvanie)* : Vote cumulatif admis pour la nomination du Conseil municipal, composé de 6 membres et de 2 constables, 2 assesseurs d'impôt, et tous les trois ans 3 auditeurs municipaux (Loi du 4 mars).

1870. *Pensylvanie* : Vote cumulatif adopté pour la nomination des 3 membres du bureau de l'assistance publique (Loi 28 mars).

1870. *Illinois* : Vote limité pour la nomination des 3 membres supplémentaires de la Cour d'appel de Chicago. Vote cumulatif admis pour la nomination des conseils d'administration des sociétés civiles (Loi du 4 mai).

1870. *Colombie* : Vote cumulatif adopté pour la nomination des 3 membres du bureau de l'assistance publique (Loi 11 novembre).

1870. *Illinois* : Vote cumulatif pour la nomination des membres de l'Assemblée législative (Chambre des représentants).

1870. *Angleterre* : Vote cumulatif admis pour la nomination des conseils d'école (School Boards), disposition étendue en 1872 à l'Écosse.

1871. *Philadelphie:* Vote limité admis dans les 22°, 24°, 27° quartiers, pour la nomination des directeurs d'écoles (Loi 10 février).

1871. *Pensylvanie:* Vote cumulatif admis pour toutes les municipalités n'ayant pas de charte spéciale (Loi du 29 mars, rapportée en 1873).

1871. Communes de *Smithfield*, *Franklin*, *Apolorous*. Vote limité pour l'élection des directeurs d'écoles (Loi du 2 juin) (Pensylvanie).

1872. *Utah:* Vote cumulatif consacré par la constitution préliminaire du 18 mars (Cet État ne fait pas partie de l'Union).

1872. *Chambersburgh:* Vote limité pour l'élection du conseil municipal (Loi du 9 avril).

1872. *Illinois:* La loi organique municipale du 10 avril, amendée en 1874 et 1883, permet aux villes d'adopter le vote cumulatif pour l'élection de leurs conseils municipaux.

1872. *Pensylvanie:* Vote limité pour la nomination de la Constituante. Celle-ci serait nommée: 1° en partie au scrutin de liste de l'État au vote limité; 2° en partie au scrutin de liste par circonscriptions, au vote limité: 2 noms pour 3 candidats, 4 pour 6, 6 pour 9. Les vacances seraient remplies par ceux des délégués de même ordre, nommés par les mêmes électeurs. (Loi du 11 avril).

1872. *Virginie Occidentale:* Vote cumulatif adopté

pour la nomination des conseils d'administration des sociétés par actions.

1873. *Pensylvanie :* Vote limité pour l'élection des juges : 2 à la Cour d'appel, 2 à Philadelphie (2 mai) — pour l'élection d'un tribunal de police — pour la nomination de 3 contrôleurs et de 3 administrateurs de comtés, nommés en 1875 et tous les trois ans. — Vote cumulatif pour les sociétés par actions (Loi du 19 mai) — Plébiscite du 16 septembre, ratifiant ces lois à une majorité des 2/3 des votants.

1874. *Ohio :* Vote cumulatif pour les sociétés par actions. La constitution n'obtint pas la ratification populaire.

1874. *Italie :* Cercle philologique de Florence : système Hare pour les élections du conseil, des syndics et des commissions (janvier). — Usines de fer de San Giovani au Val d'Arno : listes concurrentes pour la nomination des conseillers chargés de la caisse de secours. — Banque ouvrière et société coopérative de Sampierdarena : système du quotient pour l'élection des 2 conseils.

1875. *Missouri :* Adoption du vote cumulatif pour les sociétés par actions.

1875. *Brésil* [1] : Vote limité admis pour les élections législatives et municipales. Le § 17 du décret du

1. d'Ourèm, pp. 149, 150. *Annuaire* de législation étrangère, 1875, p. 889.

20 novembre 1875 est ainsi conçu : « Pour l'élection
des députés à l'Assemblée générale et aux Assemblées
législatives provinciales, chaque électeur votera pour
un nombre de candidats égal aux deux tiers du nombre total fixé pour la province. L'élection des vereadores des Chambres municipales et des juges de paix
se fera de la façon suivante : chaque citoyen déposera
dans l'urne deux bulletins : l'un contiendra les noms
de 6 citoyens éligibles aux élections de vereadores si
le municipe doit en nommer 9, et de 5 citoyens si le
municipe doit en nommer 7; l'autre contiendra les
noms de 4 citoyens pour les fonctions de juges de
paix ». Les juntes paroissiales, chargées du recensement des votants et des éligibles, étaient nommées,
sauf leur président, au vote limité à 2 noms pour
4 membres. Les juntes municipales pour le contrôle
des opérations et le recensement définitif étaient nommées au vote limité à 1 nom pour les deux membres;
de même pour les bureaux des assemblées primaires.
Les bureaux des collèges électoraux continuaient à
être régis par la loi de 1855 : vote limité. Pour les députés, les membres des assemblées provinciales et les
conseillers municipaux, nous avons vu le § 17; seuls
les juges de paix étaient nommés au scrutin de liste
ordinaire.

1876. *Confédération Argentine.* État de Buenos-
Ayres : Loi électorale du 23 octobre. L'État de Buenos-

Ayres, l'un des 14 de la Confédération, a admis le système des listes concurrentes au quotient électoral
pour toutes les élections représentatives.

1878. *Espagne:* Loi du 28 décembre sur les élections pour la Chambre des députés (Congresso): Vote
limité pour les circonscriptions nommant 3 députés
et au dessus.

Art. 84 [1] « Dans.les districts où l'on ne doit élire
qu'un député, chaque électeur ne pourra écrire sur
son bulletin que le nom d'un seul candidat. Dans les
districts où l'on doit élire 3 députés, chaque électeur
ne pourra voter que pour 2 candidats et par un seul
bulletin de vote. Dans les districts où l'on doit élire
4 ou 5 députés, chaque électeur ne pourra donner sa
voix qu'à 3 candidats au plus dans la même forme.
De même s'il y a 6 députés à élire, chaque électeur
ne pourra voter par son bulletin que pour 4 candidats,
5 s'il y a 7 députés et 6 s'il y a 8 députés à élire. Concurremment avec le vote limité, le système de simple pluralité avec collège unique est admis pour les 10 députés
ayant obtenu le plus de voix et 10,000 au moins, dans
les districts uninominaux. Art. 115 [2]. « Seront aussi
admis et proclamés députés par le congrès les candidats qui sans avoir été élus par aucun district électoral, réclament néanmoins leur admission en se fon-

---

1. *Annuaire* de législation étrangère, 1878, p. 371.
2.   ＂   ＂   p. 377.

dant sur ce qu'à l'élection générale ils ont obtenu dans divers districts, en minorité ou à égalité de suffrages pour chaque district en particulier, des votes qui réunis font plus de 10,000 voix...... 2° On ne pourra cumuler en aucun cas, aux fins de cet article, les votes obtenus dans les districts qui ont à élire 3 députés ou davantage ni les votes obtenus dans les élections partielles quel que soit le nombre des uns et des autres..... 5° Il ne pourra être admis en vertu de ce droit plus de 10 députés dans chaque congrès ; seront proclamés les 10 qui auront obtenu le plus grand nombre de suffrages parmi ceux qui sollicitent ce genre d'admission.

1880. *Portugal :* Vote limité : Chambre des Pairs. La commission de vérification des pouvoirs se composera de 7 membres élus au scrutin de liste, chaque bulletin portant 5 noms.

1881. *Brésil :* Vote uninominal avec quotient pour l'élection des membres des Assemblées provinciales et des conseillers municipaux. Loi du 9 janvier 1881, art. 17, § 3 : « Chaque district élira un député et le nombre de membres de l'Assemblée provinciale fixé par la loi ». Art. 18, § 3. « Dans l'élection des membres des Assemblées provinciales, le vote est uninominal. Sont élus les citoyens réunissant un nombre de voix égal au moins au quotient électoral, calculé sur le total des électeurs qui ont pris part à l'élection.

Si tous les membres ne sont pas élus, l'élection continue ... ceux qui ont le plus de voix pouvant seuls entrer en ballottage (en nombre double des membres restant à élire, Régl. gén., art. 183, § 3) ». Si tous les sièges ne sont pas remplis, second ballottage (Régl. gén., art. 183, §§ 5, 6). L'art. 22 pour les conseillers municipaux reproduit presque textuellement l'art. 18 ou y renvoie [1].

1882. *Italie :* Le vote limité est admis pour l'élection des députés dans les circonscriptions nommant 5 députés : c'est ce qui résulte de la loi du 2 mai 1882. Cette loi forme avec celle du 22 janvier 1882 un texte unique, approuvé le 24 septembre 1882. L'art. 65 est ainsi conçu : « L'électeur appelé s'assied à l'une des tables à ce destinées et sur le bulletin qui lui a été remis, il écrit : *a* quatre noms dans les collèges qui ont à élire quatre ou cinq députés ; *b* trois noms dans les collèges qui ont à nommer trois députés, etc. » La disposition s'applique à 25 collèges sur 135 et elle a produit son effet dans 16 d'entre eux.

1882. *Ohio :* Vote limité admis pour la nomination du maire et de quatre commissaires de police (Loi du 9 avril).

1884. *Portugal :* Loi du 21 mai. art. 1er : « L'élection des députés de la nation portugaise aura lieu comme suit : 1° Au scrutin de liste dans les circons-

1. *Annuaire* de législation étrangère, 1881. pp. 885, 886, 887

criptions ayant pour chefs-lieux les capitales des districts du continent ou des îles adjacentes. Dans ce cas les bulletins de vote pour les cercles de trois députés porteront deux noms au plus ; ceux pour les circonscriptions de quatre députés trois noms au plus ; ceux pour les cercles de six députés quatre nom au plus : seront réputés non écrits les noms en excès s'il y en a dans l'ordre de leur inscription ; 2° au scrutin uninominal dans les autres circonscriptions du continent ; 3° par suffrages accumulés pour les six députés qui auront obtenu chacun 5,000 suffrages au moins sur le continent et dans les îles adjacentes. Nous avons donc le vote limité et le vote à simple pluralité admis l'un et l'autre par la législation portugaise [1].

La représentation proportionnelle est largement admise pour les élections des Assemblées nationales, départementales et communales, pour l'élection des juges et jurés, et des autres conseils électifs, même dans le droit privé. Une fois le principe adopté, chaque état ne songe qu'à en perfectionner la mise en œuvre, qu'à trouver le meilleur système possible pour en assurer la réalisation. Puisse bientôt la France entrer dans cette voie !

1. *Annuaire* de législation étrangère, 1884, p. 438, 39.

DEUXIÈME PARTIE

DE LA REPRÉSENTATION PROPORTIONNELLE EN MATIÈRE D'ÉLECTIONS NON LÉGISLATIVES

CHAPITRE PREMIER

ÉLECTIONS DU POUVOIR EXÉCUTIF

Rarement on aura à s'òccuper, pour la nomination du pouvoir exécutif, d'une juste représentation des électeurs, cependant la question peut avoir de l'intérêt.

Nomination d'un *conseil exécutif*. Quand il y a un conseil exécutif à la tête de l'État, on peut se demander si un seul parti en désignera tous les membres, ou si au contraire les divers partis y enverront leurs délégués au prorata de leur importance.

Une objection grave se présente à l'esprit : Un conseil exécutif qui a besoin de décision, qui est chargé d'agir et non pas seulement de délibérer, doit être composé d'hommes du même parti, sous peine de discussions continuelles et d'impuissance d'action.

Si l'action était le seul devoir du conseil exécutif, et si l'unanimité d'avis était nécessaire, il eût beaucoup mieux valu charger un seul homme des fonctions du conseil. Si au contraire on a voulu des décisions raisonnées et pondérées, discutées en conseil, si l'on a voulu éviter la dictature d'un seul en établissant un contrôle réciproque des membres du conseil les uns sur les autres, la représentation des minorités au conseil ne pourra qu'y apporter la lumière et la justice, le contrôle, sans pouvoir empêcher la majorité de décider et d'agir.

Quand il y a *un seul homme* à la tête du pouvoir exécutif, il faut bien en laisser le choix à la majorité, mais on peut encore avoir grand intérêt à tenir compte des votes de tous les électeurs ; c'est quand ce président est nommé à deux degrés comme aux États-Unis. Les électeurs présidentiels sont des délégués de tous les électeurs, et ils peuvent ne représenter qu'une minorité d'électeurs, comme nous l'avons montré pour la Chambre des représentants ; la majorité des électeurs présidentiels pourra ne représenter qu'une minorité du corps électoral.

En 1860 aux États-Unis, 4,670,912 électeurs nommaient 303 électeurs présidentiels ; les candidats à la présidence obtenaient :

M. Lincoln (élu), 1,866,352 voix et 180 v. d'élect. prés.
M. Douglas   1,375,157 »   12 »   »   »
M. Breckenridge   835,763   »   72 »   »   »
M. Bell   589,585   »   39 »   »   »

Les voix attribuées aux concurrents de M. Lincoln

étaient plus nombreuses que les siennes : 2,800,000 au lieu de 1,866,000 et cependant celui-ci était nommé par la majorité des électeurs secondaires : 180 sur 303.

En 1876, résultat plus frappant encore :

M. Hayes obtenait 185 électeurs présidentiels avec 4,033,950 suffrages.

M. Tilden obtenait 184 électeurs présidentiels avec 4,284,485 suffrages.

Ce fait s'était passé bien des fois même avant 1860 ; dès 1829, nous voyons le général Jackson, président, demander une réforme à plusieurs reprises ; en 1868, le président Johnson en faisait autant.

L'élection directe mettrait, sans doute, fin à cet inconvénient, mais elle n'a pas de chance d'aboutir, car elle se ferait dans l'Union collège unique et 24 États sur 37 y perdraient de leur influence. Chaque État, en effet, nomme autant d'électeurs présidentiels que de représentants et sénateurs de l'Union réunis. Or, les représentants sont en rapport avec le chiffre de la population ; mais le nombre des sénateurs est de 2 par État, quelle que soit l'étendue respective des États.

Cette perte, qui est absolument négligeable [1], em-

---

1. Prenons les chiffres donnés par l'art. 3 de la constitution de 1787 : 65 députés, 26 sénateurs. Il y aurait 65 + 26 électeurs providentiels : 91. Chaque État gagne $\frac{2}{91}$ de représentation. Prenons le plus petit État, celui qui y gagne le plus : il a $\frac{1}{65}$ de représentation, en définitive il

pêcherait ces États de voter l'élection directe ; mais un système de représentation proportionnelle pour la nomination des électeurs, système devant être adopté par tous les États de l'Union, ne causerait pas la même répugnance d'autant plus que beaucoup des États connaissent déjà ce mode de votation.

gagne donc indûment $\frac{2}{91} - \frac{1}{66} = \frac{130 - 91}{5915} = 0,006$, 6 millièmes. Autant vaut n'en pas parler.

CHAPITRE II

Quand un tribunal est électif, il est juste que tous les électeurs soient appelés à nommer les juges et que le choix n'en soit pas confié à un seul parti.

La nomination des juges à la majorité, comme celle des députés, entraîne des conséquences fâcheuses : le juge d'un parti peut être tenté de juger en faveur de ce parti ; au renouvellement de son mandat, il peut chercher, par des prévarications ou des sentences de faveur, à assurer sa réélection.

Il est juste qu'un ou plusieurs représentants de la minorité puissent faire entendre à leurs collègues une argumentation différente, qui éclaire les discussions du tribunal et le prépare à une décision juridique.

Il est bon que l'opinion publique, qui a une grande influence sur tous les hommes, fussent-ils des juges, vienne se heurter à des opinions diverses, qui la ren-

dent moins puissante sur l'ensemble du tribunal. Il
n'est du reste pas mauvais, comme le voulait Condorcet [1], que les institutions d'un pays puissent s'appliquer avec des hommes ordinaires, imbus des fai-
blesses et de la fragilité humaines, et ne nécessitent
pas des individus parfaits.

La sentence, rendue par des juges d'opinions différentes, inspirera plus de confiance ; aucun parti politique ne pourra, d'une façon préconçue, la tenir en
suspicion ; cela évitera des haines et arrêtera des
murmures.

Le niveau du tribunal ne pourra que s'élever puisqu'il contiendra les premiers candidats des divers
partis. Sa stabilité sera plus grande, les revirements
n'étant pas complets ; les juges de la majorité pourront, en partie au moins, être maintenus au tribunal
par cette majorité devenue minorité à son tour.

On *objecte à* ce projet des considérations diverses.

La justice est une, dit-on, la loi n'est pas celle d'un
parti, mais celle de tous les individus.

Sans doute ! Mais la loi a besoin d'interprétation
puisqu'il faut des juges, ou bien c'est le fait incriminé
qui laisse un doute, et un contrôle vigilant peut seul
maintenir le tribunal dans la droite voie.

D'autre part, la diversité des opinions des juges

---

1. Édition 1847, œuvres, tome VIII.

apporterait le trouble dans le tribunal en y introdui-
sant la politique !

La politique, mais c'est l'élection qui l'introduit
et rien n'empêchera la majorité de décider souverai-
nement, elle le fera après avoir entendu la minorité.

Quand il y aurait un seul juge à nommer, il appar-
tiendrait à la majorité par la force des choses.

CHAPITRE III

ÉLECTIONS ADMINISTRATIVES

L'élection est admise pour un grand nombre de fonctions administratives, l'utilité d'une juste représentation des électeurs dans les conseils administratifs se fait vivement sentir.

SECTION PREMIÈRE
CONSEILS GÉNÉRAUX [1]

Les conseillers généraux sont nommés à raison de un par canton ; en raison du sectionnement des départements, les minorités y obtiennent une représentation parfois trop grande, la plupart du temps insuffisante. Dans chaque canton, la minorité locale n'a aucune part à la nomination du conseiller. Les raisons qui militent en faveur d'une plus juste élection

1. Théorie des conseils généraux.

Balbie : *Cours de droit public et administratif*, tome III, p. 312.

Ducrocq : *Cours de droit administratif*, nos 90-103; 129-174; 1340-1363.

sont ainsi tout à fait analogues à celles que nous
avons fait valoir pour la représentation nationale, mais
elles écnessitent une modification bien plus complète,
puisque la nomination se fait dans des collèges à 1 conseiller.

Deux objections ont été présentées : les conseils
généraux ne sont pas des corps politiques, ce sont des
corps administratifs, d'où la politique doit être bannie,
et où la représentation numérique est inutile. Les
cantons sont des unités morales et leurs intérêts ne se
mesurent pas au nombre de leurs habitants.

M. Charles Floquet, le 11 mai 1880, a répondu à
ces deux objections d'une façon remarquable. Il par-
lait dans l'intérêt d'une plus juste répartition des conseillers entre les cantons, mais les raisons produites
vont plus loin et justifient notre théorie.

M. Floquet déclare, avec raison, ne pas voir pourquoi la proportionnalité, règle des élections politiques,
n'est point celle des élections administratives, nos
premières constitutions ne faisaient pas cette différence.

La loi de 1871 fait des conseils généraux quelque
chose de plus que des corps administratifs. Depuis
cette époque, les conseils généraux votent des impôts
sans l'autorisation du pouvoir législatif ; ils ont le droit
de voter des emprunts ; ils sont des Assemblées quelque peu législatives.

Et si l'on dit que ces impôts sont des impôts directs dont la quotité importe peu, il reste l'administration des enfants assistés, des établissements d'aliénés, l'autorisation pour la prorogation des octrois, pour certains changements dans ces octrois, pour le sectionnement électoral des communes, et autres attributions analogues qui influent sur toute la population.

Quant à l'argument d'unité des cantons, d'intérêts de groupes, qui ne sont pas proportionnels au nombre, il n'est pas probant : les délégués sont ceux du département entier (art. 9, loi 22 janv. 1790) et doivent être choisis par le même nombre de commettants, c'est la règle constitutionnelle.

Ajoutons que les cantons les plus populeux ont bien quelque droit à être représentés proportionnellement au nombre de bourses qu'ils ont à défendre.

La plupart des États représentatifs ont adopté des divisions analogues à notre département, et ont créé dans chacune d'elles des conseils électifs. Cependant l'Angleterre n'a pas de conseils électifs dans ses comtés. Les États-Unis d'Amérique ont dans chacun de leurs États une Chambre des représentants et un Sénat, mais les comtés n'ont pas de conseils. Au contraire la Belgique, la Hollande, l'Espagne, l'Italie, la Russie, l'Allemagne même, etc., ont des Assemblées électives dans leurs provinces ; la plupart de ces pays ont une commission permanente issue de ces Assem-

blées, et analogue à notre commission départemen-
tale.

SECTION II

CONSEILS D'ARRONDISSEMENT [1]

La représentation proportionnelle au sein des conseils d'arrondissement aurait des avantages analogues
à ceux qu'elle produit en général. Nous n'insisterons
pas, ces conseils ont une utilité contestable ; nous ne
trouvons guère la division correspondante à l'arrondissement qu'en Angleterre, Hundred (la centaine)
et dans le nord, Wapentake ou Wards ; elle n'a
aucun conseil électif ; en Belgique, où il y a 41 arrondissements, sans conseils ; en Espagne, où le Par-
tido est une division judiciaire et non administrative.
En Russie seulement, on trouverait une assemblée de
canton « Volost » avec « Starchina » comité exécutif,
qui se composerait de délégués des conseils ruraux
(mir et starosta).

SECTION III

CONSEILS MUNICIPAUX [2]

Le conseil municipal est nommé au scrutin de liste
de la commune : celle-ci forme un collège unique,

1. *Théorie générale*. Batbie, t. III, p. 409. — Ducrocq, n⁰ˢ 178-182.
2. *Théorie générale*, Batbie, IV, p. 31 et suiv. — Ducrocq, n⁰ˢ 90-
102 ; 184-186 ; 218-240 ; 1421-1492 ; 1497-1499 ; 1524 ; 1541 ; 1582.

sans subdivision. Aussi le résultat est un conseil et un maire représentant uniquement la majorité.

Il y a exclusion totale des minorités, c'est le cas où la représentation des minorités s'impose ; en vain dira-t-on que les questions politiques sont exclues des conseils, il y a en dehors d'elles, pour les intérêts locaux des façons bien différentes d'envisager les mesures à prendre, et le point de vue où se placera le conseil ne sera pas toujours celui de la justice et de la raison ; personne ne sera là pour avertir du danger, personne pour contrôler l'emploi des fonds ; en vain les électeurs auront-ils la ressource de priver de leurs mandats les conseillers prévaricateurs, il pourra n'être plus temps.

Nous avons admis que le conseil n'aurait pas à s'occuper de politique ; il y a cependant une attribution politique officielle : la nomination du délégué sénatorial et de son suppléant. Il ne faut pas oublier aussi les attributions relatives à l'instruction primaire, aux cultes, aux édifices religieux, au supplément de traitement en faveur des vicaires ou desservants, questions qui touchent à la plus dangereuse et à la plus irritante des questions politiques, la séparation de l'Église et de l'État, et les attributions relatives à la police.

En vain encore, on nous dit que le scrutin de liste permet le rapprochement des opinions, la réunion sur

la même liste de candidats de partis différents. Ce fait
pourra se produire pour les diverses nuances d'un
même parti, en général à l'avantage de la plus avancée, mais quand un parti ou une coalition a la majorité, ce serait pour lui faire un marché de dupe que
d'inscrire sur la liste des ennemis politiques capables
d'observations désagréables ou d'un contrôle plus gê-
nant encore.

La vie communale a pris une extension considérable; tous les gouvernements représentatifs ont des conseils municipaux électifs : la plupart des *boroughs* ou
cities d'*Angleterre* ont un *council* depuis le *Municipal
corporations Act* de 1835 ; l'*Espagne* a dans chaque
termino ou commune un *Ayuntamiento* ; le *Portugal*
a dans les *concelhos* un *camara*, il en est de même de
l'*Italie*, de l'*Allemagne*, de l'*Autriche*, de la *Suède*, du
Danemark, de la *Belgique* et de la *Hollande*, de la
Suisse. de la *Grèce*, de la *Bulgarie*, de la *Serbie*, des
États-Unis, etc.

Bien plus, la *Turquie* a des assemblées élues dans
ses communes; la *Russie* a une organisation municipale
étendue, avec un conseil électif : *gorodskaia douna*
pour les communes urbaines, *mir* pour les communes
rurales. Elle a même des assemblées de cantons, composés de délégués des conseils municipaux.

L'adoption pour l'élection de ces conseils des principes de la représentation proportionnelle est une

question qui s'est déjà posée dans plusieurs de ces
pays, et qui les intéresse trop pour être longtemps
laissée dans l'oubli ; nous avons vu dans les discussions législatives que plusieurs de nos députés l'avaient
jugée digne d'une discussion sérieuse.

SECTION IV

CONSEILS D'ÉCOLE ET D'UNIVERSITÉ.

En France, on n'admet pas l'élection pour déterminer la composition des conseils auxquels donnent
naissance les lois sur l'instruction publique. Dans
d'autres pays il y en a au contraire d'électifs, et on
peut avoir le plus grand intérêt à ce qu'ils ne soient
pas composés d'une façon arbitraire, ou remplis par
les seuls représentants de la majorité.

Les Anglais nous ont précédés dans cette voie.
Pour l'élection des School Board's (conseils placés
dans chaque commune à la tête de l'instruction primaire, et chargés de la création des écoles nouvelles
dont le besoin peut se faire sentir), le vote cumulatif
est la règle en Angleterre depuis 1870, et cette règle
fut étendue à l'Écosse en 1872. On s'est beaucoup
félicité de cette libre entrée accordée à tous les partis
dans ces conseils.

Bien avant, des Universités avaient admis un système de juste représentation pour la nomination de
leurs conseils. Dès 1854, la célèbre Université d'Ox-

ford avait admis le vote limité pour la nomination de l' « Hebdomadal Council ». Celle de Harwart (Boston, Massachusets) a également introduit la proportionnalité dans son règlement.

Des dispositions analogues ont été adoptées en Amérique par plusieurs États de l'Union : citons Philadelphie, Smithfield, Franklin, Apolorous, qui ont admis le vote limité.

SECTION V

BUREAUX DE L'ASSISTANCE PUBLIQUE [1] ; COMMISSIONS ADMINISTRATIVES DES HOPITAUX, HOSPICES ET BUREAUX DE BIENFAISANCE [2].

Nous ne proposons pas d'adopter plus largement le principe de l'élection pour la nomination des bureaux et commissions dont il s'agit, cette demande supposerait des preuves à l'appui et des études approfondies qui ne rentrent pas dans notre cadre. Nous souhaiterions seulement que, pour les membres actuellement électifs, et pour ceux qui pourront l'être plus tard, lorsqu'on aura donné de l'extension au principe électif, on ouvre la porte aux minorités. Actuellement, d'après l'art. 1er de la loi du 5 août 1879, deux membres sont électifs, et c'est le conseil municipal qui est le corps électoral : l'adoption du prin-

1. Batbie, t. I, p. 120.
Ducrocq, nos 1493-1512 ; 1554-1556.
2. Batbie, t. V, p. 243. Loi 5 août 1879.

cipe semble donc momentanément inutile, les conseils municipaux ne comprenant que des membres
unanimes.

Plusieurs pays ont adopté le principe en pareille
matière, la Pensylvanie et la Colombie en 1870.

APPENDICE

DE LA REPRÉSENTATION PROPORTIONNELLE APPLIQUÉE AU DROIT PRIVÉ ET SPÉCIALEMENT AUX SOCIÉTÉS PAR ACTIONS.

La représentation proportionnelle a été admise en matière de sociétés, en 1870 par l'Illinois, 1872 par a Virginie occidentale, 1873 par la Pensylvanie, 1874 par l'Ohio [1], 1875 par le Missouri.

Dans les sociétés du droit privé, comme dans une nation, il faut une direction et une surveillance ; la direction, la décision, doit appartenir à la majorité, mais il faut conserver à la minorité le droit de discuter cette direction de contrôler les opérations des gérants ou des administrateurs de la société.

On a en France admis jusqu'à présent que la majorité des actionaires ou des actions faisait la loi, nommait les administrateurs, le conseil de surveillance. C'est ainsi que, dans les sociétés en nom collectif et

---

1. Cette constitution n'obtint pas la ratification populaire.

en commandite simple, les gérants sont nommés par la majorité des associés [1] ; il en sera de même dans les commandites par actions pour la nomination du conseil de surveillance [2], dans les sociétés anonymes pour la nomination du conseil d'administration, et des commissaires de surveillance ; il faudra peut-être une majorité spéciale, mais toujours une majorité [3].

C'est confier au même individu le droit d'agir et celui de contrôler ses actes ; c'est exclure une grande partie des intéressés de la direction de la société, les priver de leur part de contrôle ; c'est permettre de ruiner ces exclus et le public qui ne connaissent les abus commis que lorsqu'il est trop tard pour y remédier.

La discussion éclairerait la marche des affaires, écarterait les opérations dangereuses, empêcherait ce qu'on appelle vulgairement les *tripotages*, serait une garantie pour le public, mais la représentation proportionnelle est chose encore si inconnue ou si peu comprise, que de longtemps, il faut le craindre, on ne lui demandera pas une réforme et un perfectionnement utile.

1. Lyon-Caen et Renaud (édition 1887), p. 106, Gérants des sociétés en nom collectif; — p. 117, Gérants des sociétés en commandite.

2. P. 185, Conseil de surveillance des sociétés en commandite par actions.

3. P. 198, Conseil d'administration et p. 202, Commissaires de surveillance, dans les Sociétés anonymes.

Nous venons de demander la proportionnalité d'une façon générale et sans distinction entre les diverses sociétés ; nous comprendrions très bien que le législateur négligeât pour un instant les sociétés en nom collectif et en commandite simple, où les associés et les commanditaires font intimement partie de la société et ont sur sa gestion une influence certaine. Il imposerait d'abord la réforme aux sociétés par actions, surtout aux sociétés anonymes où les actionnaires restent plus étrangers à la direction des affaires sociales.

Les partisans du *statu quo* adressent en matière privée deux objections spéciales. Vous voulez protéger les actionnaires, disent-ils, mais quand ils ont des craintes sur la gestion de l'affaire, ou sont mécontents de leur exclusion, ils n'ont qu'à vendre leurs actions. Il faut croire que, si la gestion inspire aussi peu de confiance à certains actionnaires, elle n'en inspirera pas beaucoup plus aux acheteurs d'actions, et que la vente sera difficile et occasionnera des pertes, et puis n'est-ce pas un singulier remède que celui qui conseille de sortir de la société parce que la loi est mauvaise, et notre solution n'est-elle pas meilleure ? On n'a pas encore conseillé sérieusement à un Français de quitter la France parce que son parti est exclu du Parlement.

Le législateur, ajoutent les partisans du *statu quo*,

interviendrait dans une question où la liberté des conventions est la règle, où les actionnaires font la loi à laquelle ils veulent se soumettre, mais ce serait une faute. Les associés n'ont qu'à stipuler les conditions auxquelles ils veulent obéir, à introduire dans leurs statuts ce principe soi-disant merveilleux.

Cette objection, souvent alléguée, la liberté des conventions n'a pas empêché le législateur d'imposer aux sociétés une série de formalités, une réunion de conditions à remplir, avant de consacrer leur existence et leur fonctionnement. Il a eu en vue l'intérêt même des associés, il a voulu assurer aux gens de bonne foi la protection des lois dans la fondation et la gestion d'une société, il a voulu protéger le public contre des opérations frauduleuses. A ces différents titres, la proportionnalité pour la nomination des gérants, administrateurs ou surveillants serait une sûreté de plus, pas gênante, point despotique, qui assurerait à chacun l'exercice de sa part de droits, qui éviterait la création de deux classes dans chaque société, classe de ceux qui commandent et contrôlent, classe de ceux qui subissent passivement.

Que les sociétés prennent l'initiative, dit-on, il y en a qui l'ont fait : le cercle philologique de Florence, les usines de fer de San Giovani au Val d'Anco, la banque ouvrière et la société coopérative de Sampierdarena, et d'autres sans doute, mais l'amour de la domination sans limitation gênante pourrait empêcher chacun des membres d'adopter cette mesure: elle restreindrait son pouvoir au cas où il serait dans la majorité, et chacun espérerait en faire partie. Il est donc préférable que la loi exige cette garantie et l'inscrive d'office dans les statuts.

Ici, en matière privée, nous n'avons pas de partis inconstitutionnels à craindre, pas de revirements politiques à redouter, aussi les États-Unis donnent-ils largement l'exemple de cette modification facile et heureuse. Il y a trop d'intérêts engagés et des intérêts trop importants, trop personnels pour que l'on puisse renvoyer à demain, à plus tard, à toujours si c'était possible, l'étude et l'introduction au sein des sociétés de la représentation proportionnelle.

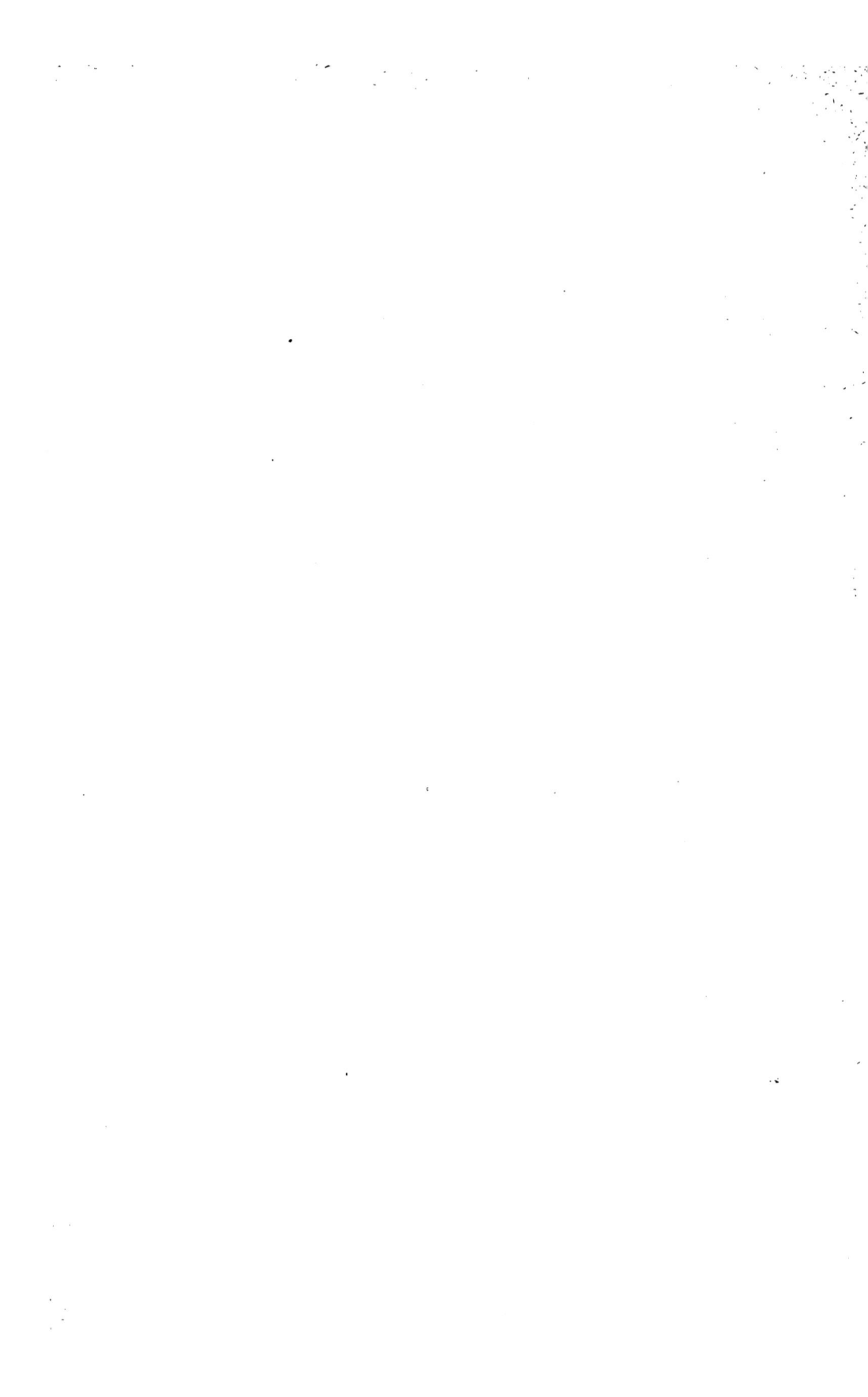

BIBLIOGRAPHIE

(PAR ORDRE CHRONOLOGIQUE.)

FRANCE.

1770. DE BORDA : Mémoire sur les élections par scrutin. Histoire de l'Académie des sciences, 1781, p. 657.

1785-1789. CONDORCET : Œuvres, édition 1804, t. XII, p. 427; XIII, p. 239; XVIII, pp. 51, 240, 285, 363.

1818-1819. BENJAMIN CONSTANT : Cours de politique constitutionnelle, édition 1861, p. 8 et suiv.

1846. Victor CONSIDÉRANT : 1° Lettre au conseil de Genève, 2° de la sincérité du gouvernement représentatif (Genève).

1849. DE GIRARDIN : Questions de mon temps, t. VIII (Serrières).

1851. GUIZOT : Histoire des origines du Gouvernement représentatif (Didier).

1859. Louis BLANC : Dans le journal le Temps (mois d'août).

1863. GUIZOT : Histoire parlementaire de la France (Michel Lévy).

   »   Eugène DELATTRE : Les devoirs du suffrage universel (Pagnerre).

   »   LE CHARTIER DE SEDOUY : Réforme du suffrage universel (Dentu).

1864. BERTAULD : La liberté civile, chap. XIV (Didier).

» Emile Augier : La question électorale (Lévy).

1865. Stuart MILL : Considérations sur le Gouvernement représentatif (traduction Dupont White, Guillau-
min).

1866. LE CHARTIER DE SEDOUY : Les justes élections
(Teissier).

1867. BOUTMY : Journal « La Liberté » le 21 août.

» LAUGEL : La représentation des minorités (Revue Moderne).

» LACHAUME : Le suffrage universel rationaliste ou
système composite (Lyon, Josserand).

1868. Baron de LAYRE : Les minorités et le suffrage universel (Dentu).

» DUVERGIER DE HAURANNE : La démocratie et le
droit de suffrage (Revue des Deux Mondes, 1er et 15
avril).

» PRÉVOST-PARADOL : La France nouvelle (Lévy —
autres éditions).

» BARRIER : Note sur un nouveau mode de votation.
(La science sociale : novembre).

» Maria CHENU : Le droit des minorités.

1869. HERVÉ : Une page de l'histoire d'Angleterre (Sau-
ton).

» FURET : Statistique politique; majorité et minorités ; réforme du suffrage universel (Journal des
Économistes, juin).

« HÉROLD : Projet de réforme électorale (Thorin).

« La Décentralisation (de Lyon, juin, juillet).

« LAFERRIÈRE ET BATBIE : Les Constitutions d'Europe et d'Amérique (Cotillon).

1870. Duc D'AYEN : De la représentation des minorités (Dentu).

« Marquis de BIENCOURT : Le suffrage universel et le droit des minorités (Donniol et Correspondant du 10 juin).

« Projet de loi concernant l'organisation municipale de la ville de Paris.

« Docteur Tony MOILIN : Le suffrage universel.

« Travaux de la Conférence Tocqueville.

« CARO : La vraie et la fausse démocratie (Revue des Deux-Mondes, juin).

« AUBRY-VITET : Le suffrage universel dans l'avenir (Revue des Deux-Mondes, mai).

1871. NAVILLE : La réforme électorale en France (Didier).

« Le Correspondant (25 septembre).

1872. TAINE : Du suffrage universel et de la manière de voter (Hachette).

« BEAUSSIRE : La réforme électorale et l'Abstention (Revue des Deux-Mondes, février).

« BORÉLY : Représentation proportionnelle, projet de loi électorale (Journal officiel, novembre) ?

« TISSOT : Principes du Droit Public, t. II, liv. VII, (Marescq).

« DE LAVELEYE : Essai sur les formes de Gouvernement dans les sociétés modernes (Germer-Baillière).

« Marquis de CASTELLANE : Essai sur l'Organisation du suffrage universel en France.

« Ezra SCAMANN : Le système du Gouvernement américain (traduction Hippert, Guillaumin).

1873. BERTRAND : Travail sur les moyens d'assurer la représentation proportionnelle dans les élections

(Bulletin de la Société de Législation comparée).

1873. Henry LASSERRE : De la réforme et de l'Organisation normale du suffrage universel (Palmé).

«   Marquis de BIENCOURT : Organisation des municipalités dans les communes rurales et urbaines (Tours).

«   CLAMAGERAN : La France républicaine (Germer-Baillières).

α   Camille de CHANCEL : Un projet de scrutin échelonné (Revue politique et littéraire).

»   Adrien BAVELIER : La question électorale (Didot).

»   SAVARY : Le Gouvernement Constitutionnel (librairie du Moniteur Universel).

1874. CHARBONNIER : Organisation électorale et représentative de tous les pays civilisés.

»   AUBRY-VITET : La vraie réforme électorale (Lévy).

»   Emile de GIRARDIN : Abolition des zones électorales. Unité de collège. — Bulletin uninominal (Lévy).

»   PERNOLET : Le scrutin par quotient (Blot et Bien Public).

»   Ernest BRELAY : Le vote cumulatif pour l'élection des comices électoraux (Intérêt public, Charentes).

»   GIGON : La Représentation des minorités (Journal des économistes, janvier).

»   Antonin GOURJU : A la recherche d'une seconde chambre (Thorin).

»   Franck CHAUVEAU (Bulletin de législation comparée, 20 mars, p. 257 et suiv.).

1875. Marquis de BIENCOURT : Au jour le jour (Dentu).

»   Le Moniteur (20, 22, 33 février).

»   PERNOLET : La représentation proportionnelle (Discours à l'Assemblée de Versailles, 25, 26 novembre).

1875. Le Bien Public (18, 22, 29 octobre. — 1, 10, 15, 21, 27 novembre).

» DE GIRARDIN : La vraie réforme électorale (La France, 15-19 novembre).

» Intérêt Public (Charentes, 17, 19, 22 décembre).

» Annuaire de législation Étrangère, p. 889.

» Henri PASCAUD : Essai historique et critique des différents systèmes d'organisation du suffrage politique (Guillaumin).

» DE PARIEU : Principes de la science politique (Sandoz, 2ᵐᵉ édition).

1876. NAVILLE : Les progrès de la réforme électorale en 1874 et 1875 (Sandoz et Fischbacher).

» Léon SAY : Le socialisme d'État.

» DE LABOULEYE : Histoire de la Constitution des États-Unis (Charpentier, 3ᵐᵉ édition).

» Herbert SPENCER : Essais de politique (traduction Burdeau, chez Germer-Baillière).

1877. PERNOLET : La représentation proportionnelle (Lettre à M. de Marcère).

» BLUNTSCHLI : Théorie générale de l'État (Traduction de Riedmatten, Guillaumin). Livre VI, ch. 22, 23.

1878. Annuaire de Législation étrangère, p. 371, 377.

1879. PERNOLET : Apaisement, sécurité, progrès dans les communes par une simple modification de la manière de compter les suffrages (Blot).

1880. Ernest BRELAY : L'équité électorale (Journal des Économistes juin).

1881. DEMOMBYNES : Constitutions Européennes (Larose et Forcel).

1881. MASSERAS : Le scrutin de liste et le scrutin d'arrondissement (Nouvelle revue, mars).

» Le Soleil (juin).

» La Gazette de France, 13, 14 mai.

» BLUNTSCHLI : Le droit public général (Traduction
de Riedmatten, Guillaumin). Livre II, chap. 4, 5.

» PERNOLET : Déraison et iniquité de la règlementa-
tion actuelle de l'exercice du suffrage universel.

1882. Annuaire de législation étrangère, pp. 523, 524.

» Charles BOULLAY : La réforme du suffrage universel, la représentation des minorités (Grenoble, Ba-
ratet et Dardelier).

» Le Parlement (14 mai).

1883. ANONYME : Le suffrage universel (Larose et Forcel).

» DARESTE : Les Constitutions modernes.

» La France (13 février).

» Le Soleil (novembre, décembre).

» Le Soir (novembre, décembre).

1884. Annuaire de Législation Étrangère, p. 438 et 439.

» SÉVERIN DE LA CHAPELLE : Le scrutin de liste et
la représentation proportionnelle (Guinguamp, Le
Goffic).

» ARNAUNÉ ET LEBON : Étude sur les débats du Parlement anglais relatifs à la représentation proportionnelle (Bulletin de législation comparée, 1884,
p. 327).

» PERNOLET : Petite réforme capable de grands résultats (Blot et le Soir).

» FOUILLÉE : La philosophie du suffrage universel
(Revue des Deux-Mondes 1er septembre).

1884. Annuaire statistique de la France (Ministère du commerce, pp. 508-510).

»   BRELAY : La représentation des Intérêts dans les municipalités (Économiste français, mai).

»   GODIN : La réforme électorale et la revision constitutionnelle (Guise, Aisne).

»   DE MARCÈRE : Le National, (15 décembre).

»   SAINT-GIRONS : Cours de droit Constitutionnel (Larose et Forcel).

»   Jules SIMON : Journal le Matin (12 décembre).

»   Le Soleil, (30 mai, 17 novembre, 18 décembre).

»   Revue Générale d'administration : pp. 455 et suiv.

»   Journal de Marseille (19 décembre).

»   Vicomte Philibert d'USSEL : La démocratie et ses conditions morales (Plon).

1885. BECHAUX : Le scrutin de liste proportionnel (Guillaumin).

»   MILLET : Janvier 1885 : Bulletin de la société de législation comparée, p. 90 et suiv.

»   DARESTE : Étude sur la Représentation Proportionnelle, en Danemark et dans les autres pays scandinaves (Bulletin, lég. comp. 1885 février, p. 153 et suiv.).

»   LANEYRIE : Étude sur la Représentation Proportionnelle en Portugal (même Bulletin, 1885 mai, p. 239 et suiv.)

»   ROGUIN : Étude sur les débats des corps législatifs suisses relatifs à la Représentation Proportionnelle et à celle des minorités (même Bulletin 1885 mai, p. 301 et suiv.).

»   BRUWAERT : Étude sur les débats des assemblées lé-

gislatives des États-Unis de l'Amérique du Nord,
relative à la Représentation Proportionnelle (même
Bulletin 1885 juillet, p. 477-582).

1885. MOLINIER : Cours élémentaire de droit constitutionnel (Rousseau).

» Revue générale d'administration : 1re partie, p. 453.

» Le Rappel (3 et 10 février).

» Journal de Marseille, (21 janvier, 4, 13, 18, 27 février·
6, 11 mars).

» Anatole LEROY-BEAULIEU : Études politiques et
religieuses (Revue des Deux-Mondes, mai).

1886. Annuaire statistique de la France (Ministère du commerce, p. 555 et suiv.).

» Bulletin de législation étrangère, p. 48.

» CAMPAGNOLE : De la Représentation Proportionnelle
dans un Gouvernement représentatif (Chauvin
Toulouse).

1887. Le Baron d'OUREM : Étude sur la Représentation Proportionnelle au Brésil (Bulletin de la Société de législation comparée, 1887 février, p. 108-187).

» Journal des Débats : 5 janvier 1887.

» Bulletin de législation comparée, p. 280.

» A paraître : Volume de la Société pour la Représentation Proportionnelle, contenant, avec des documents
déjà publiés, une introduction importante sur la
théorie et la pratique de la Représentation Proportionnelle (Marpon et Flammarion).

ANGLETERRE (ET ÉTATS-UNIS).

1853. James Garth MARSHALL : Letter to Lord John Rus-
sel on parliamentary réform (London).

1857. Thomas HARE : Machinery of representation (London).

1859. HARE : A treatise on The election of representation Parliamentary and municipal (London).

» Stuart MILL : On M. Hare's Scheme (Frazers Magazine, mai).

1860. Stuart MILL : Thoughts on Parliamentary reform (London).

» HARE : Representation in pratice and teory (Frazers Magazine, février).

» HARE : Representation of every locality and intelligence (Frazers Magazine, avril).

» FAWCETT : M. Hare reform bill simplified and explained, (London).

» Journal of the statistical society (septembre 1866, pp. 337, 356).

1861. Stuart MILL : Considérations on representative Government (London).

1863. HARE : On the universities election Act (Marcimillan's Magazine, novembre).

1864. GREY : Parliamentary Government considered with reference to reform (London).

1865. HARE : The election of representatives (London).

1866. La revue des sciences sociales de New-York, novembre.

1867. Simon STERNE : Report to the... on personal representation (New-York, Simpson and C°).

» James LORIMER : Constitutionalism of the future (London).

» BUCKALEW : Cumulative Voting (Pensylvanie).

» Stuart MILL : Personal representation, Speech, etc. (London).

1868. Francis FISHER : The nomination of candidates for civil and political office (Philadelphie).

» DROOP : On methods of electing representatives, (London).

» Rigby SMITH : Personal representation (London).

» GREY : Reform of Parliament (1858 ou 1868 ?)

1869. DROOP : Political and social effects of different modes of voting (London William Maxwell and Son).

» Walter BAILY : A Scheme for proportional representation (London, William Rigdway).

» MERCHANT : Representation of minorities.

1871. Simon STERNE : On representative Government and personal representation (Philadelphie).

1872. Walter BAILY : Proportional representation in large constituencies (William Rigdway).

1873. HARE : The election of representatives (London, Longmans, Green Reader and Dyer).

1874. HARE : The construction of a municipality for the in metropolis (London).

1875. HARE : A Note on representative Government (Fortnigtbly review).

4877. Herbert SPENCER : Essais de politique.

1883. Frederic SECBOHM : Contemporary review (décem‾ bre).

1884. Sir John LUBBOCK AN DAILY-NEWS : Lettre reproduite par le Bulletin de représentation proportionnelle, 1884, p. 111, 112 [1].

1. Le « Times », le « Daily News », à Londres à diverses reprises. La Tribune avec Horace Greeley à New-York.

Le « Times » avec Matesson à Chicago.

La Tribune avec Joseph Medill à Chicago, etc., etc.

1885. The Law and practice of registration and elections...,
    Appendix, statutes, pp. 396, 397 (London, Horace
    Cox).

ITALIE.

1869. Luigi PALMA : Del Pottere elettorale negli stati liberi
    (Milan, Trèves).

1870. Guido PADELLETI : Teoria della elezione politica
    (Naples).

» Carlo FERRARIS : La reppresentanza delle minoranze
    nel parlamento (Turin).

1871. BRUNIALTI : Degli inconvenienti et dei pericoli degli
    attuali sistemi elletorali (Vicenza).

» GENALA : Della liberta ed equivalenza dei, etc. (Milan,
    Vallardi).

» La Stampa (Venise, 10 janvier).

» Carlo FERRARIS : La representanza delle minoranze
    nel parlamento.

1873. GENALA : Della reppresentanza proporzionale, etc.
    (Venise).

» BRUNIALTI : La questione della reppresentanza pro-
    porzianale in Italia ed all'estero (Roma).

» PALMA : La reppresentanza proporzionale (Firenze).

1874. GENALA : Sut sistema proporzionale, etc. (Cercle de
    Florence, Firenze).

» Camillo PALLAVICINO : Della votazione proporzionale
    nelle societa anonime commerciali (Genova).

» Luigi LUCCHINI : La logica del regime representativo
    (4° Bulletin de la société).

1878. PALMA : Corso de diritto constituzionale : vol. II,
    ch. 4 (Firenze).

1878. BRUNIALTI : La guista reppresentanza di tutti gli elet-
tori (Roma, Stabilimento G. Civelli).

1880. Liberta e democrazia (Milan, Trèves, 2ᵉ édition).

»   Bulletins de la société.

SUISSE.

1846. Victor CONSIDÉRANT : De la sincérité du gouvernement représentatif ou exposition de l'élection juridique.

1861. Antoine MORIN : Un nouveau système électoral (Genève).

1862. Antoine MORIN : De la représentation des minorités
(Genève).

»   HERZOG-WEBER : Das richtige wahlverfahren (Lucerne).

1867. NAVILLE : La question électorale en Europe et en
Amérique (Genève).

»   La bibliothèque universelle (mars et avril).

1868. Le réformiste (feuille hebdomadaire, Genève).

1869. Antoine MORIN : De la question électorale (Cherbu-
liez, Paris).

1870. Le réformiste (feuille hebdomadaire, juin, Genève).

1871. NAVILLE : La réforme électorale en France (Didier,
Paris).

1872 ANONYME : Elections démocratives représentatives
vraies.

1874. NAVILLE : Les progrès de la réforme électorale en
1873 (Genève, Carey).

1875. GFELLER : Les droits de l'électeur dans les démo-
craties.

1875. Le Patriote Suisse de la Chaux de fond (vote cumulatif système Baily).

» Le confédéré du Valais (vote cumulatif et système Baily).

» BIOLEY : Nouvelle Gazette du Valais (27 décembre).

1876. NAVILLE : Les progrès de la réforme électorale en 1873 et 1865 (Paris, Sandoz et Fichbacher).

1879. Extrait des Annales de la réforme électorale (Genève, Ramboz et Schuchard).

1881. Edmond GONIN : Le scrutin de liste avec répartition proportionnelle (Lausaune, Bridel).

» NAVILLE : De la démocratie représentative (mémoire à l'Académie des sciences morales et poliques).

BELGIQUE.

1848. JOTTRAUD : Le suffrage universel. Nouvelle théorie et nouvelle application de ce système électoral.

1864. BOURSON : Système électoral proposé par M. Hare (Bruxelles).

1865. Rolin JACQUEMYNS : De la réforme électorale (Bruxelles, Muquardt).

1871. PETY DE THOSÉE : Discours au conseil provincial de Liège. Réforme électorale (Bruxelles, Bruylant).

1874. J. de SMEDT : Reforme électorale (Bruxelles).

» J. de SMEDT : De la représentation des minorités (Bruxelles, Lebrocquy).

» J. de SMEDT : Projet de réforme des procédés électoraux belges (Bruxelles).

1882. D'HONDT : Brochure.

» Auguste LEMAIRE : De l'exacte représentation des corps électoraux.

1883. PIRMEZ : De la représentation vraie.

» La Représentation proportionnelle (Revue mensuelle depuis 1882).

AMÉRIQUE DU SUD (Brésil).

1848. Barros BARRETO : Mémoire sur un nouveau système d'organisation du gouvernement représentatif.

1865. ANONYME : O imperialismo e a reforma (Rio de Janeiro).

1866. N. C. B. C. : A regeneraçao e a reforma (Pernambuco).

1868. JOSÉ DE ALCUCAR : O systema representativo (Rio de Janeiro).

1872. Nabor CAVALCANTI : Systema proporcional (Pernambuco).

» Nabor CAVALCANTI : Regeneraçao e a reforma.

» Docteur e ARECHAGA : La libertad politica ; fragmentos de un curso de derecho constitucional (Montevideo).

» TAVARES BASTO, TITO FRANCO : ?? Cités par M. D'Ourèm.

1880. FRANCO DE SA : A reforma da Constituiçao (Rio de Janeiro).

PORTUGAL

Antonio Candido RIBEIRA DA COSTA : Principes et questions de philosophie politique.

Barbosa LEAO : Listes concurrentes de Genève modifiées titre ??

Joaquim Pereira PIMENTA DA CASTRO : La solution

la plus pratique et la plus rationnelle du problème
électoral.

1878. Oliveira Martins : Les élections.

DANEMARK.

1863. KRIEGER : Dansk Maanedskrift de Steenstrup.
1876. LARSEN : Nittende Aarhundrede de Brandes.

NORWÈGE.

1879. L'AFTENBLADET : 2 articles (10, 19 novemb. 1879).
1882. LE BUDSTIKKEN : 3 articles (9, 11 décembre ;
          27 janvier 1883).
1883. KIOER : Aarks Retstidende (1883, n° 10, 11).

SUÈDE.

1866. Representation fœr Minoriteterna (Upsala).

ALLEMAGNE.

1855-1858. MOHL : Die geschischte und litteratur der
          Staatswissenschaften (Erlangen).
1863. Gustave BURNITZ et Georges VARRENTRAP : Saner-
          lander's Verlag (Francfort).
1877. BLUNTSCHLI : Théorie générale de l'État (Trad. de
          Riedmatten Allgemeines Staatsrecht (t. XVI,
          p. 492) (1, p. 392. — Munschen, Guillaumin).
1879. BLUNTSCHLI : La politique (trad. de Riedmatten,
          Guillaumin).
   »   ROHMER :

1881. BLUNTSCHLI : Le droit public général (trad. de Ried-
       matten, Guillaumin, ch. V. pp. 47, 48, 49).

  »   Docteur Wilhem PAPPENHEIM IN WIEN : Ein Vor-
       schlag zur Lösung des problems der Verhältniss-
       und Minoritäten vertretung (extrait de « Zeitschrift
       für die gesammte Staatswissenschaft) ».

POSITIONS

—

DROIT ROMAIN

Le partage en droit romain ne pouvait résulter d'une simple convention, sauf peut-être au Bas-Empire.

L'héritier grevé de restitution à l'égard d'un fidéi-commissaire universel était responsable dans son administration des fautes qu'il n'aurait pas commises dans la gestion de ses propres affaires.

Lorsqu'en vertu d'une obligation naturelle, la compensation avait pu être opposée, et que le créancier naturel avait omis de le faire, le préteur lui accordait une condictio.

Lorsque la confusion éteint l'obligation principale, les hypothèques qui garantissaient la créance ne sont pas définitivement éteintes et pourront être exercées dans le cas où la confusion viendrait à cesser.

12

DROIT CIVIL

L'emphythéose est un droit réel et susceptible d'hypothèque.

Dans l'hypothèse prévue par l'art. 844, C. c., il y a lieu à application des règles du rapport, en tant que cette application ne porte pas atteinte aux droits des autres héritiers considérés comme réservataires.

Une convention suspensive de partage est applicable à tous les créanciers personnels des héritiers, antérieurs ou postérieurs à la convention, sauf à ceux qui auraient à faire valoir une hypothèque antérieure à la convention, ou qui, avant sa conclusion, auraient introduit une action en partage.

Un partage doit être fait par écrit ; le partage verbal ne vaudra pas, ou ne vaudra que comme provisionnel.

L'héritier bénéficiaire est responsable des fautes qu'il n'aurait pas commises dans la gestion de ses propres affaires.

DROIT CONSTITUTIONNEL

En France, les pouvoirs du congrès sont limités par les votes antérieurs des deux Chambres.

Si, en principe, les ministres peuvent être civilement responsables envers l'État, aucune loi n'attribue compétence à une juridiction.

Le vote plural, accordé aux citoyens pourvus d'une certaine instruction, n'est pas contraire aux principes.

La souveraineté nationale n'implique pas la nomination des juges par le suffrage populaire.

DROIT D'ENREGISTREMENT

L'action accordée à l'administration par l'art. 32 de la loi du 22 frimaire an VII est une action réelle et constitue un privilège au profit de l'administration.

Le jugement qui rescinde une vente pour lésion des 7/12 ne devrait pas donner lieu au paiement du droit de transmission.

La déclaration d'adjudicataire, faite par l'avoué dans les trois jours, ne doit donner naissance qu'à un seul droit de mutation. L'arrêt de la Cour de cassation du 3 septembre 1810 est d'une portée générale et se justifie en droit.

Le partage partiel donne lieu aux mêmes droits que le partage total, pourvu que l'un des héritiers soit mis définitivement hors d'indivision. Il ne sera pas osumis au droit proportionnel de 5,50 0/0.

HISTOIRE DU DROIT

La propriété privée était connue des Germains.

L'invasion germanique n'a pas enlevé la propriété du sol aux Gaulois.

Vu par le Président de la thèse:

PH. JALABERT.

Vu par le Doyen :

CH. BEUDANT.

Vu et permis d'imprimer :

Le Vice-Recteur de l'Académie de Paris,

GRÉARD.

TABLE DES MATIÈRES

———

———

DEUXIÈME PARTIE

De la représentation proportionnelle appliquée à des corps électifs autres que le Parlement

Châteauroux — Typ. et stéréotyp. A. MAJESTÉ

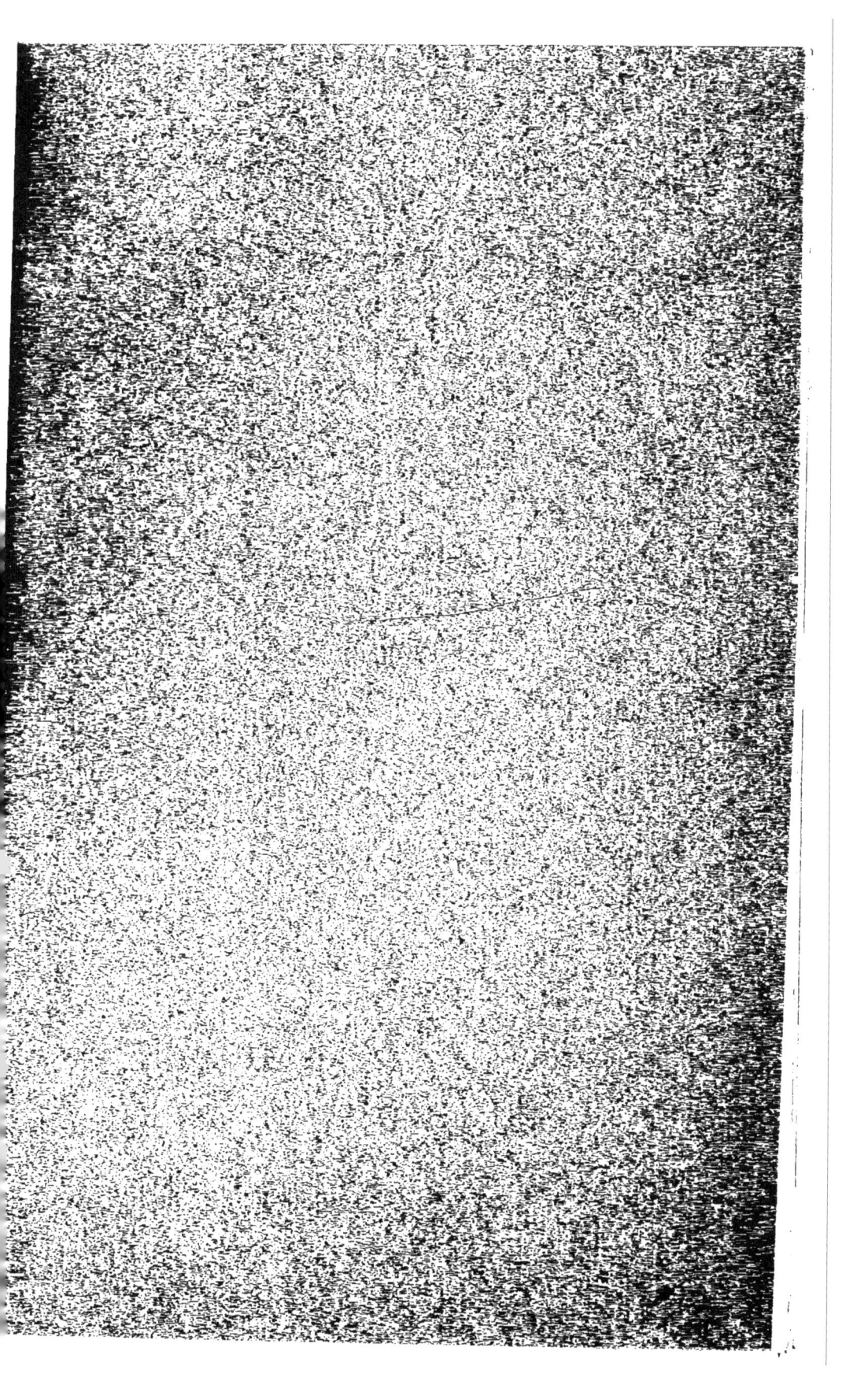

CHATEAUROUX. — IMPRIMERIE A. MAJESTÉ

www.ingramcontent.com/pod-product-compliance
Lightning Source LLC
Chambersburg PA
CBHW060427200326
41518CB00009B/1511